仮登記のポイント

著　青木　登（元東京法務局豊島出張所総務登記官）

新日本法規

は　し　が　き

　仮登記は、実体的に対抗力がないと解されてはいるものの、本登記に比べて登録免許税が低廉とされていることもあり、簡便な手続となっていることから、当事者にとっても利用しやすい登記となっていると思われます。

　一方、その簡便性の故か濫用気味に用いられる例も見られます。同一不動産について複数の仮登記が存するとき、その記録の複雑性の故か第三者は、当該不動産につき、取引関係に入ることに慎重となる場合があります。このことは、円滑な不動産取引を害する結果を招来すると考えられます。例えば、仮登記上の権利が複数回処分された場合、所有者にとっても、現在の権利者が誰か、正確に判断することができない状態に陥る事例も存します。

　そこで、本稿では、基本に戻り、各仮登記によって保全される権利の性質や、実際の運用上からの留意点を再考し、その問題点を整理しようと試みたものです。

　もとより、仮登記に関する既存の優れた論考や単行本に比べ粗略で問題とすべき点も多々あると思われますが、前記の意図が少しでも伝えられたとすれば幸いです。

　なお、本稿では、一般の仮登記、保全仮登記の他、新設の配偶者居住権の仮登記についても言及しました。実務の参考になればと願っています。

　本稿の執筆にあたって新日本法規出版株式会社の編集部の方々の御教示に支えられました。厚く謝意を表します。

　令和3年5月

青　木　　登

略　語　表

本書で使用した主な法令等・判例等の表記方法は、次のとおりです。

① 法令等

本文中は原則として正式名称を用い、解説等の根拠として掲げる場合は、次のように略記しました。

不動産登記法第74条第1項第1号＝（不登74①一）

令和2年3月30日民二第324号民事局長通達

＝（令2・3・30民二324）

また、法令等の略語は次のとおりです（〔　〕は本文中の略語を示します。）。

不登	不動産登記法	信託	信託法
不登令	不動産登記令	建物区分	建物の区分所有等に関する法律
不登規	不動産登記規則		
記 録 例〔記録例〕	不動産登記記録例（平28・6・8民二386）	登税	登録免許税法
		農地	農地法
会社	会社法	民	民法
仮登記担保	仮登記担保契約に関する法律	民保	民事保全法

② 判　例

判例については、次のように略記しました。

最高裁判所昭和44年5月29日判決、判例時報560号44頁

＝（最判昭44・5・29判時560・44）

また、判例出典の略称は次のとおりです。

判時	判例時報	民集	最高裁判所民事判例集
判タ	判例タイムズ	民録	大審院民事判決録

③　参照項目

　本書中の他の項目を参照する場合は、参照先の項目を「【12】」の形
で表示しました。

目　次

第1章　総　論

第2章　各　論

第1　所有権に関する仮登記

第2　地上権に関する仮登記

第3　地役権に関する仮登記

第4　賃借権に関する仮登記

第8　買戻特約の仮登記

第9　仮登記に基づく本登記

第10　仮登記の抹消

第11　信託の仮登記

第　1　章

===========

総　論

2

第1　仮登記の意義と効力

1　仮登記の意義

(1)　登記は、対抗力（民177）を有するところ、実体上又は手続上の事由によって対抗力を有する登記ができない場合があります。この場合、後になされるであろう登記（本登記）の順位を保全するために、法（不登105）によって認められた仮の登記が仮登記です。

(2)　不動産登記法105条1号による仮登記（1号仮登記）と2号による仮登記（2号仮登記）がありますが、本登記の順位を保全するための予備登記としての効力に差はありません。

2　1号仮登記と2号仮登記

(1)　1号仮登記は、不動産登記法3条に規定する権利の移転等があった場合に、その権利の本登記ができないときになされる仮登記であって、条件不備の仮登記といわれます。

　　つまり、登記原因となる法律行為による物権変動は実体上生じてはいるものの、その登記（本登記）の申請に必要とされている手続上の条件が具備していないときになされます。登記識別情報の提供ができないときが典型例です。

(2)　2号仮登記は、請求権保全のためになされる仮登記で、いまだ物権変動は生じていないものの、その変動を生じさせる請求権が発生しているとき、この請求権を保全するためになされます。売買予約や停止条件付法律行為を原因とするのが典型例です。

3　仮登記の効力とその発生時期

(1)　仮登記は、仮の登記なので、仮登記のままでは対抗力はありません。

　　仮登記がなされ、それに基づいて本登記がなされると（【44】）、この本登記の順位は仮登記の順位による（不登106）とされます。これは仮登記の順位保全の効力といわれます。

(2)　このようにして、仮登記に基づく本登記がなされると対抗力を有することとなりますが、その発生時期については見解が分かれています。現在の学説、判例は、対抗力は本登記がなされた時から生じ、仮登記の時点まで遡及するものではない（最判昭38・10・8民集17・9・1182）と解していると考えられます。

4　その他の仮登記

　　前記の他に、担保仮登記（【56】）、保全仮登記（【58】）が実務上散見されますが、担保仮登記は、金銭債務を担保するため、保全仮登記は仮処分の目的のために各々認められています。

第2　不動産登記法105条1号の仮登記

1　105条1号の仮登記ができる場合

(1)　不動産登記法105条1号の仮登記は、権利の移転、設定等の本登記の申請に必要な情報が提供できない場合になされます。

　つまり、物権変動は既に生じているものの、その本登記の申請に必要な情報を提供できない場合になされる仮登記であって、条件不備の仮登記といわれます。

(2)　ここで、登記の申請に必要な情報とは、登記識別情報（不登22）又は登記済証（不登附則7）と第三者の許可、同意を証する情報を意味します。もっとも、許可等を得ているが、その証明書等の提供ができない場合は1号の仮登記により、許可等を得ていない場合は2号仮登記によることとなります。

2　105条1号の仮登記ができない場合

(1)　以上のように、登記識別情報と第三者の許可等を証する情報の提供ができない場合以外は1号仮登記をすることはできません。

　以下、実務上問題となった場合を検討します。

(2)　登記義務者の印鑑証明書の提供の不能は1号仮登記のできる場合ではありません（昭29・10・5民甲2022）。また、登記義務者の承諾書を添付して仮登記権利者が単独で仮登記を申請する場合（不登107①）に、仮登記義務者の印鑑証明書の添付がなければ、仮登記をすることができません（不登令別表68）。

　仮登記権利者の住所証明書は、本登記の際に必要であり、仮登記の際には不要なので、仮登記権利者の住所証明書の提供不能は、1号仮登記のできる場合ではありません。

　登録免許税が調達できないのも仮登記のできる場合ではありません（昭4・10・7民事8689）。

第3　不動産登記法105条2号の仮登記

1　105条2号の仮登記ができる場合

(1)　物権変動が、いまだ生じていない場合に将来の物権変動の請求権を保全するために仮登記をすることができます（不登105二）。実務上、2号仮登記といわれます。この請求権の保全の仮登記は、将来権利変動が生じる請求権が、法律上発生している場合に認められます。物権変動が生じたことによって認められる物権的請求権は、2号仮登記が認められる請求権ではありません。

例えば、売買予約に基づいて買主が予約完結権を行使すると、売買の本契約が成立し、目的物の所有権が移転することとなります。この売買予約による所有権移転請求権を保全するために、2号仮登記をすることができます。

(2)　この請求権が「始期付き」「停止条件付き」の場合にも認められます。物権変動を生じさせる債権的請求権に、条件、期限が付着している場合にも仮登記をすることができます（昭37・1・6民甲3289）。実務上、「条件付権利（期限付権利）の仮登記」といわれます。死因贈与を登記原因とする所有権の移転の仮登記（【6】）が典型例です。

(3)　105条2号に規定する「その他将来確定することが見込まれる」場合になされる仮登記とは、ある基本的な法律関係があるとき、将来発生する請求権を保全する仮登記を意味すると解されます。例えば、保証人が代位弁済したときの抵当権の移転請求権（民501）を保全するための仮登記がこれに該当すると解されます。

2　105条2号の類推適用による仮登記

(1)　前記の他、物権変動自体に条件、期限のある場合にも、105条2

　号の類推適用により、仮登記をすることができます（昭37・1・6民甲3289）。

(2)　例えば、農地法3条の許可を条件とする売買の場合（【9】）「条件付所有権移転仮登記」とするのがその例です。

第4 仮登記の更正

1 更正登記の意義と仮登記

(1) 更正登記は、登記の完了後に登記事項に錯誤、遺漏があった場合に、これを訂正する登記です（不登2十六）。

　　それは、実体的権利関係と登記が一部符合していない場合になされ、一部は符合しているので登記を無効とし、全部抹消はできません（最判昭44・5・29判時560・44）。つまり、更正登記は全部抹消ではなく、一部抹消と解されます。一部抹消なので更正の前後を通じて登記の同一性が必要です。同一性がなければ全部抹消となるからです。

(2) 権利の変更、更正は、登記上の利害関係人の承諾がある場合、及び利害関係人がいない場合には、付記登記によってすることができる（不登66）とされていますがこの権利の変更、更正の登記には、仮登記も含まれると解されるので、仮登記も更正の対象となることになります。

2 1号仮登記を2号仮登記と2号仮登記を1号仮登記と更正することの可否

(1) 1号仮登記も2号仮登記も、後日なされる本登記の順位を保全するためになされるものであり、1号仮登記をすべきところ、2号仮登記がなされてもこれを無効と解すべきではなく、順位保全効を有するので、更正することができる（最判昭32・6・7民集11・6・936）と解されています。

(2) 同様に、2号仮登記をなすべきところ、1号仮登記がなされた場合も、仮登記は原因とされた権利関係の公示を目的とするものではないことから、仮登記された権利関係と実体関係に若干の相違

があっても、その仮登記の効力は否定されないとして更正の対象
となる（最判昭43・9・20判タ227・146）と解されています。

3　仮登記原因と本登記の関係

(1)　「売買予約」を登記原因とした所有権移転請求権仮登記（【4】）
に基づき「代物弁済」を登記原因とする本登記をするには前提と
して仮登記の原因を更正する（昭55・9・19民三5618）と解されていま
す。

(2)　所有権移転請求権仮登記の場合に「代物弁済予約」が登記原因
であるのに誤って、「停止条件付代物契約」と登記されていても、
この誤りは、仮登記自体の効力を害するものではなく、本登記の
順位保全の効力を有するものであって、仮登記権利者は、仮登記
原因の更正を求めるまでもなく、この仮登記に基づいて本登記を
求めることができる（最判昭37・7・6民集16・7・1452）とも解されて
います。

(3)　以上のことから、所有権移転請求権仮登記の登記原因に誤りが
あった場合でも、常にこれを是正しなければ本登記ができないと
は解されません。
　　一方、所有権移転請求権仮登記（2号仮登記）の登記原因に誤り
がある場合には、登記原因を所有権移転仮登記（1号仮登記）の登
記原因に更正しないと、この仮登記に基づく本登記はできないと
解されます。1号仮登記にあっては、既に生じた物権変動の順位
保全を目的とするので、仮登記の登記原因とその仮登記に基づく
本登記の登記原因は同一でなければならないと解されるからで
す。

第5　所有権の移転に関する仮登記の登記原因

1　登記原因の性質と仮登記の可否

　仮登記の中でも所有権の移転に関する仮登記が、実務上多く見られます。しかし、全ての登記原因が仮登記できるわけではありません。それは、登記原因とされる事実又は法律行為（不登5②）の性質により決定すべきものと解されます。

2　仮登記できる登記原因

（1）　売　買

　　二重譲渡が認められる以上、所有権移転仮登記のある場合に、別の者に対する所有権移転仮登記をすることができます。

　　つまり、仮登記ある不動産に対し、更に仮登記をすることができます（明33・2・2民刑回答）。所有権移転請求権仮登記についても同様と解されます。

（2）　遺　贈

　　遺贈は遺言者の死亡によって効力を生じる（民985）ので、この効力を保全するため所有権移転仮登記をすることができます。

（3）　死因贈与

　　死因贈与は、遺言者の死亡を始期とするので、2号仮登記をすることができます。

（4）　財産分与

　　財産分与を登記原因とする1号仮登記をすることができます。財産分与の効力は、離婚の成立を前提とするところ離婚の成立後の財産分与により所有権が移転しても、その登記識別情報の提供ができない場合がその例です。

(5)　遺留分侵害額の請求

　　従前の遺留分減殺請求権（改正前民1031）は、形成権として、その行使により所有権が移転するので、1号仮登記をすることができると解されていました。

　　これに対し、民法の改正（平成30年7月13日法律72号、令和元年7月1日施行）後は、遺留分の侵害の場合には、遺留分侵害額請求権（改正後民1046①）として金銭債権化され、金銭の支払に代えて、不動産の所有権を移転するときは、「代物弁済」となると考えられます。

　　そうであれば、代物弁済の予約又は、条件付代物弁済として、2号仮登記によることとなると解されます。

(6)　会社分割

　　吸収分割は、分割契約で定めた日、新設分割は、新設する会社の成立の日に効力を生ずるので（会社759①・761①・764①・766①）、所有権移転の効力を保全するため、1号仮登記をすることができます。

(7)　譲渡担保

　　譲渡担保があると所有権が移転するので、これを保全するため、1号仮登記をすることができます。譲渡担保予約による2号仮登記をすることも可能です。

3　仮登記ができない登記原因

(1)　相　続

　　相続による所有権移転登記の1号仮登記はできません。所有権移転登記には登記識別情報の提供は不要であり、また第三者の許可等も不要です。

　　また、相続による2号仮登記もできません。相続による所有権

移転請求権は認められず、事実上の見込みと解されるからです。

(2)　遺贈予約

　　遺贈予約を登記原因とする2号仮登記は認められません。遺贈は、遺言者の死亡により効力が生じるところ、それ以前は何らの法律関係が生じるものではない（民985①・1022、最判昭31・10・4民集10・10・1229）からです。

(3)　財産分与予約

　　財産分与は、離婚を前提とするので離婚前は財産分与請求権は発生せず2号仮登記はできません（昭57・1・16民三251）。

(4)　遺留分請求権

　　遺留分請求権は、被相続人の死亡によって発生する請求権で、被相続人の生存中は、所有権移転請求権は発生しないので、2号仮登記はできません。

(5)　会社分割予約

　　会社分割の効力発生前は権利の変動はなく、不動産に対する権利の取得の見込みがあるだけなので、所有権移転請求権の仮登記はできません。

(6)　真正な登記名義の回復

　　真正な登記名義の回復による所有権の移転の登記は、登記権利者と登記義務者の共同申請による所有権移転の登記なので、登記識別情報の提供ができない場合には、所有権移転の仮登記をすることができると解する立場が有力です。しかし、この原因の性質から仮登記を認めるとするには疑問のあるところです。

　　真正な登記名義の回復は、現登記名義人に所有権がないとき、真実の所有者が登記名義を回復する方法であって、共同申請によって移転するのは、所有権ではなく、登記名義であり、登記権利者と登記義務者の間には、有効な法律行為や法律事実が存していません。

　よって、物権変動を前提とする1号仮登記をする場合ではない
と解されます。また真正な登記名義の回復の請求権も認められま
せん。当事者間には、何らの法律関係がないからです。真実の所
有者は、とりあえず、登記名義人に対して、処分禁止の仮処分に
より、自己の権利を保全するしか方法がないと考えます。

　また、真正な登記名義の回復を原因とする所有権の移転の登記
は、正確な物権変動の過程を公示するものではないので、このよ
うな過程を仮登記によって保全する必要があるのか疑問のあると
ころです。

第6　仮登記の申請形態

1　共同申請の原則

(1)　仮登記も権利に関する登記として、その申請も仮登記権利者と仮登記義務者の共同申請による（不登60）のが原則です。

(2)　しかし、仮登記は後日なされるであろう本登記の順位保全のため（不登106）になされる登記であり、それ自体は、第三者に対する対抗力を有しない、と解され、本登記の申請よりも以下のような簡易な申請が認められています。

2　判決による仮登記権利者の単独申請

(1)　前記のように、仮登記権利者と仮登記義務者の共同申請によるのが原則であるところ、仮登記義務者が登記に協力しないとき仮登記権利者は、仮登記義務者に仮登記をなすべき旨を命じる確定判決等（裁判上の和解調書、認諾調書等）を得て、これにより、単独で仮登記の申請をすることができます（不登63①）。

(2)　ただし、1号仮登記を訴求することはできないと解されます。1号仮登記は、既に物権変動が生じている場合になされるので、物権変動が生じているのであれば、直接に、本登記を訴求すべきであって、1号仮登記を訴求することは迂遠な訴求であり認められないと解されます。

(3)　一方、2号仮登記については、認められると解されます。2号仮登記によって保全されるのは請求権であって、請求権の発生により仮登記請求権も発生するからと説明され、先例（昭36・9・14民甲2209）もこれを認めていると解されます。

3　仮登記義務者の承諾書を添付した仮登記権利者の単独申請

(1)　仮登記義務者の承諾があるときは、仮登記権利者の単独申請が認められています（不登107①）。前記のように、仮登記は対抗力を有しない予備的な登記なので簡易な申請手続が認められていると解されています。

(2)　前記(1)の申請情報には、仮登記義務者が仮登記をすることを承諾する旨が明示されていなければなりません。

　　ここで、この承諾を証する情報として、承諾書が添付されるのが一般的と考えられますが、この承諾書には、仮登記義務者の印鑑証明書の添付を要する（不登令19②）とされています。もっとも、印鑑証明の有効期間を3か月以内とする制限はありません。不動産登記令16条、18条の適用はないからです。

4　仮登記仮処分があるときの仮登記権利者の単独申請

(1)　仮登記権利者は、仮登記の原因となる事実を疎明して単独で仮登記を申請することができます（不登108①②）。

(2)　仮登記は、対抗力を有しない予備的な登記であるので、仮登記義務者が登記に協力しない場合でも、判決を得なくても仮登記仮処分命令を得て単独で仮登記を申請することができるとするものです。この申請には、仮登記仮処分命令の正本を添付することとなります。

(3)　この仮処分命令は、本案訴訟を前提とすることは必要ではありませんが、1号仮登記の場合には、既に物権変動が生じていることが、2号仮登記の場合には仮登記を請求できる請求権の存在が、各々疎明されなければならないとされています。疎明とは一応確からしいと裁判官に心証を抱かせることです。

第 2 章

各　論

18

第1　所有権に関する仮登記

【1】　所有権の保存の仮登記をする場合

> ケース

　表題部しか登記されていない建物につき、表題部所有者Aから所有権を承継したBが、自己の権利を保全するための所有権の保存の仮登記の方法はどうなるか。

> ポイント

　仮登記仮処分を命ずる決定のある場合には、Bは所有権の保存の仮登記によることができる。

> 解　説

1　所有権の保存の仮登記の可否
- (1)　法文上、権利の「保存」等について仮登記が認められているので（不登3・105一）、所有権の保存の仮登記も肯定することができます。先例（大13・6・13回答）もこれを認めています。
- (2)　実質的にも、実体上不動産の所有権を承継した者は、第三者の権利を否定して、自己の所有権を保全するためには、所有権の保

存の仮登記を認める必要、実益のある場合があると解されます。

2　仮登記の可否とその要件

(1)　表題部所有者Aは、直接に所有権の保存の本登記を申請することができる（不登74①一）から、予備的な登記である所有権の保存の仮登記を認める必要はないと解されます。

(2)　当該建物が表題部も未登記である場合には、Bは直接所有者として表題登記をしてから所有権の保存の登記をすればよいと解されるので、仮登記を認める必要はありません。

(3)　Aが区分建物の表題部所有者である場合は、Aの譲渡証明の提供により、敷地権付き区分建物の場合は、登記原因を証する情報とAの承諾を証する情報の提供により、Bは所有権の保存登記をすることができます（不登74②）。そうするとこれらの情報が提供できないときは、手続上の要件が具備していない（不登105一）として所有権の保存の仮登記をすることができると一応は解することができます。

(4)　しかし、前記(3)の情報の提供がないときも所有権の保存の仮登記を無条件に認めることはこの仮登記を承継取得を証する情報の提供等の真正の担保がなくても肯定することとなり、妥当とは解されません。

　その真正の担保のため裁判所の命令である仮登記仮処分命令のある場合に限って所有権の保存の仮登記を認めるべきと解されます。

(5)　なお、所有権保存の請求権はその性質上考えることができず、法文（不登105二）も「保存」については規定していません。

記載例

●登記申請書

登 記 申 請 書

登記の目的　　所有権保存仮登記
申　請　人　　○市○町○番地
　　　　　　　　　　　B
添付情報　　　仮登記仮処分決定正本　代理権限証書
　　　　　　　　　　（以下省略）

＜記載のポイント＞

1　所有権の保存の仮登記には、仮登記を命じる決定正本が添付情報となります。

2　登記の構造上、登記義務者が存しないので登記権利者であるBが申請人となります。

3　登録免許税は不動産1個につき1,000円（登税別表1－（十二）ト）。

記録例

甲区

1	所有権保存仮登記	令和○年○月○日第○号	権利者　○市○町○番地　B
	余　白	余　白	余　白

（記録例186参照）

【2】　所有権の移転の仮登記を共同申請によりする場合

ケース

　AとBは、A所有の土地につき売買契約を締結し、Bは代金全額を支払った。所有権移転の登記申請に際し、Aが登記識別情報の提供ができない場合、Bが自己の権利を保全するための登記の方法はどうなるか。

ポイント

1　AからBに移転した権利は所有権である。

2　不動産登記法105条1号の仮登記は、本登記手続上の条件が具備していない場合になされる。

解　説

1　実体上の所有権の移転の成否

　ABは売買契約（民555・176）を締結の上、Bが売買代金の全額を支払ったとされているので、原則として、実体的にはAからBへ移転していると解されます。

2　登記識別情報の提供の登記手続上の意味

（1）　所有権の移転の登記を、登記権利者と登記義務者の共同申請に

よって行う場合には、登記識別情報の提供が原則として必要（不
登22）とされているので、登記識別情報の提供は、所有権の移転の
登記の手続的な条件と解されます（不登規178）。

(2)　そうすると、前記のとおり所有権は実体的に移転しているので、
「登記所に対し提供しなければならない情報」が提供できない場
合として、不動産登記法105条1号の仮登記ができる要件を充足し
ていると解されます。

3　よって、Bは売買から生じたAに対する所有権移転登記を保全す
るため、不動産登記法105条1号の所有権移転仮登記をすることがで
きると解されます。

記載例

●登記申請書

```
　　　　　　　　　　登 記 申 請 書

　登記の目的　　　所有権移転仮登記
　原　　　因　　　令和○年○月○日売買
　権 利 者　　　○市○町○番地
　　　　　　　　　　　B
　義 務 者　　　○市○町○番地
　　　　　　　　　　　A
　添 付 情 報　　　登記原因証明情報　印鑑証明書　代理権限証書
　　　　　　　　　　（以下省略）
```

＜記載のポイント＞

1　登記原因は売買です。既に所有権の移転（物権変動）が生じているか
らです。

　　よって、登記の目的は「所有権移転請求権仮登記」ではなく「所有権

移転仮登記」となります。

2　Bの住所を証する情報は不要です（昭32・7・27民甲1430）。本登記の際に必要とすれば足りるからです。

3　登記免許税は課税価格の1,000分の10（登税別表1―（十二）ロ（3））。

○添付情報（登記原因証明情報）

登記原因証明情報

1　登記申請情報の要項
　(1)　登記の目的　　所有権移転仮登記
　(2)　登記の原因　　令和○年○月○日売買
　(3)　当事者　　　　権利者　○市○町○番地
　　　　　　　　　　　　　　　B
　　　　　　　　　　義務者　○市○町○番地
　　　　　　　　　　　　　　　A
　(4)　不動産の表示　（省略）
2　登記の原因となる事実又は法律行為
　(1)　令和○年○月○日、AとBは本件土地につき売買契約を締結した。
　(2)　同日、買主Bは代金全額をAに支払ったので、本件土地の所有権はAからBに移転した。
　(3)　AとBは、(2)に基づき所有権移転登記をなすべきところ、Aの登記識別情報の提供ができないので所有権移転仮登記をすることに合意した。

　　以上相違ありません。
　　令和○年○月○日　○法務局御中

　　　　　　　　　　　権利者　○市○町○番地
　　　　　　　　　　　　　　　B　　　㊞
　　　　　　　　　　　義務者　○市○町○番地
　　　　　　　　　　　　　　　A　　　㊞

記録例

甲区

1	所有権移転	令和○年○月○日第○号	原因　令和○年○月○日売買 所有者　○市○町○番地 　　　　A
2	所有権移転仮登記	令和○年○月○日第○号	原因　令和○年○月○日売買 権利者　○市○町○番地 　　　　B
	余　白	余　白	余　白

（記録例566）

※順位1番と2番の原因日付は同一であることを要します。

【3】　所有権の移転の仮登記を登記義務者の承諾がある場合に登記権利者が単独で申請する場合

ケース

　AとBは、A所有の土地につき売買契約を締結し、Bは代金全額を支払った。所有権移転の登記に際し、Aは登記識別情報の提供はできないものの、所有権移転の仮登記をすることを承諾した場合の登記の方法はどうなるか。

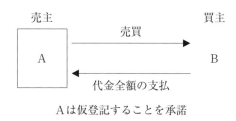

Aは仮登記することを承諾

ポイント

1　登記識別情報の提供がない時は1号仮登記ができる。

2　登記義務者の承諾がある時は登記権利者の単独申請ができる。

解　説

(1)　【2】のように、AB間に売買契約が締結され、買主Bは売買代金の全額を支払っているので、本件土地の所有権は、原則としてAからBへ移転しているものの、所有権移転の登記に必要なAの登記識別情報の提供がない場合は、手続条件の不備として、仮登記（不登105一）をしてBの順位を保全することができます。

(2)　仮登記は、予備的な登記なので、共同申請（不登60）を原則とし

つつ、仮登記義務者の承諾があれば、仮登記権利者の単独による申請が認められています（不登107①）。

(3)　よって、BはAの承諾を証する情報を提供して、単独で所有権移転の仮登記を申請することができます。

記載例

●登記申請書

```
              登 記 申 請 書

  登記の目的　　所有権移転仮登記
  原　　　因　　令和○年○月○日売買
  権　利　者　　○市○町○番地
  （申請人）　　　　　B
  義　務　者　　○市○町○番地
  　　　　　　　　　　A
  添 付 情 報　　登記原因証明情報　承諾書　代理権限証書
                  （以下省略）
```

＜記載のポイント＞

1　登記の当事者は、登記権利者B、登記義務者Aですが、登記権利者Bの単独申請なので権利者（申請人）と併記するのが望ましいと解されます。

2　登録免許税は【2】と同じです。

○添付情報（登記原因証明情報）

```
              登記原因証明情報

  1　登記申請情報の要項
   (1)　登記の目的　　所有権移転仮登記
   (2)　登記の原因　　令和○年○月○日売買
```

(3)　当事者　　　権利者　○市○町○番地
　　　　　　　　　　　　　B
　　　　　　　　　　義務者　○市○町○番地
　　　　　　　　　　　　　A
(4)　不動産の表示　　（省略）
2　登記の原因となる事実又は法律行為
(1)　AとBは、令和○年○月○日本件土地につき売買契約を締結し、
　　買主Bは代金全額を支払ったので、所有権はAからBに移転した。
(2)　所有権移転の登記に際し、Aは登記識別情報の提供ができない
　　ので、Bを権利者とする所有権移転仮登記をすることを承諾した。
　　よって、所有権移転仮登記を申請する。

　　以上相違ありません。
　　令和○年○月○日　　○法務局御中

　　　　　　　　　　　　　　権利者　○市○町○番地
　　　　　　　　　　　　　　　　　B　　　　　㊞
　　　　　　　　　　　　　　義務者　○市○町○番地
　　　　　　　　　　　　　　　　　A　　　　　㊞

○添付情報（承諾書）

承諾書

　後記土地につき、令和○年○月○日、○市○町○番地Bに売り渡し
たので、所有権移転仮登記を申請することを承諾する。
　令和○年○月○日
　　○市○町○番地　A　（実印）

不動産の表示　　（省略）

※Aの印は実印であることが必要です（不登令19①②）。もっとも、印鑑証
　明書の有効期間の制限はありません。

【4】　所有権の移転請求権の仮登記をする場合

ケース

　A所有の土地につき、BがAと売買予約を締結した場合、Bの権利を保全するための登記の方法はどうなるか。

ポイント

1　この売買予約から生じるBの権利は、請求権である。

2　不動産登記法105条2号の仮登記は、実体的に権利の変動がなく請求権が発生している場合になされる。

解　説

1　Bの有する権利の性質

(1)　AB間の予約により、当事者Bには予約完結権つまり、将来、本契約としての売買契約を締結するという権利が生じます（民556①）。民法は一方当事者の予約の規定です。

(2)　Bが予約契約によって有するこの予約完結権は、形成権と解され、Bが予約完結権を行使すると本契約が成立し所有が移転することとなります。よって、売買の予約が成立すれば、Bは所有権移転請求権を有することとなると解されます。

2　そうすると、Bは、所有権を取得していないものの、所有権移転請

求権を有するので、この権利を保全するため所有権移転請求権仮登記（不登105二）をすることができることとなります。

┌─────────┐
│ 記載例 │
└─────────┘

●登記申請書

```
              登 記 申 請 書

登記の目的　　　所有権移転請求権仮登記
原　　　因　　　令和○年○月○日売買予約
権　利　者　　　○市○町○番地
                    B
義　務　者　　　○市○町○番地
                    A
添 付 情 報　　　登記原因証明情報　印鑑証明書　代理権限証書
                （以下省略）
```

＜記載のポイント＞

1　請求権を保全する仮登記（不登105二）なので、登記の目的は、「所有権移転請求権仮登記」となります。

2　原因日付は、請求権が成立した、売買予約が締結された日です。

3　前記の共同申請の他、Bの単独申請も認められ、添付情報、登録免許税は、【2】と同じです。

○添付情報（登記原因証明情報）

```
              登記原因証明情報

1　登記申請情報の要項
  (1)　登記の目的　　　所有権移転請求権仮登記
  (2)　登記の原因　　　令和○年○月○日売買予約
  (3)　当事者　　　　　権利者　○市○町○番地
                          B
```

　　　　　　　　　　義務者　○市○町○番地
　　　　　　　　　　　　　　A
　(4)　不動産の表示　（省略）
2　登記の原因となる事実又は法律行為
　(1)　令和○年○月○日、AはBに本件不動産を売り渡す予約契約を締結した。
　(2)　令和○年○月○日、ABは、前記(1)に基づき所有権移転請求権仮登記をすることを合意した。

　　以上相違ありません。
　　令和○年○月○日　○法務局御中

　　　　　　　　　　　　　　権利者　○市○町○番地
　　　　　　　　　　　　　　　　　　B　　　　㊞
　　　　　　　　　　　　　　義務者　○市○町○番地
　　　　　　　　　　　　　　　　　　A　　　　㊞

記録例

甲区

1	所有権移転	令和○年○月○日第○号	原因　令和○年○月○日売買 所有者　○市○町○番地 A
2	所有権移転請求権仮登記	令和○年○月○日第○号	原因　令和○年○月○日売買予約 権利者　○市○町○番地 B
	余　白	余　白	余　白

（記録例567）

【5】　始期付所有権の移転の仮登記をする場合

　ＡＢ間で、Ａ所有の土地につき、令和○年○月○日に所有権が移転する旨の売買契約が成立した場合、買主Ｂが自己の権利を保全するための仮登記の方法はどうなるか。

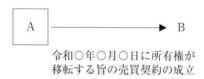

令和○年○月○日に所有権が
移転する旨の売買契約の成立

ポイント

1　成立した契約は、始期付の売買契約である。
2　始期付権利は、仮登記によって保全できる。

解　説

1　Ｂの有する権利の性質

　始期とは、法律行為の効力の発生、債務の履行に関する期限であり、法律行為の附款です。Ｂには、売買契約が成立しているものの、その効力としての所有権の移転が始期とされる日まで猶予されている、つまり、始期とされる日の到来以後は、所有権が移転する旨の権利を有していると解されます。

2　Ｂの権利の仮登記の可否

　そうすると、Ｂは、将来の始期とされる日に、所有権を取得するこ

とができることとなるので、この始期付所有権移転請求権を保全するために、不動産登記法105条2号の仮登記をすることができると解されます。

記載例

●登記申請書

登 記 申 請 書

登記の目的	始期付所有権移転仮登記
原　　　因	令和○年○月○日売買
	（始期　令和○年○月○日）
権　利　者	○市○町○番地
	B
義　務　者	○市○町○番地
	A
添 付 情 報	登記原因証明情報　印鑑証明書　代理権限証書
	（以下省略）

＜記載のポイント＞

1　原因、日付は、始期付売買契約が成立した日となります。

2　添付情報、登録免許税は【2】と同様です。

○添付情報（登記原因証明情報）

登記原因証明情報

1　登記申請情報の要項
　(1)　登記の目的　　始期付所有権移転仮登記
　(2)　登記の原因　　令和○年○月○日売買
　　　　　　　　　　（始期　令和○年○月○日）

　(3)　当事者　　　　権利者　○市○町○番地
　　　　　　　　　　　　　　　B
　　　　　　　　　　　義務者　○市○町○番地
　　　　　　　　　　　　　　　A
　(4)　不動産の表示　　（省略）
2　登記の原因となる事実又は法律行為
　(1)　令和○年○月○日、ABは、Aの不動産につき令和○年○月○
　　日を所有権の移転の始期とする売買契約を締結した。
　(2)　令和○年○月○日AとBは、(1)の内容の所有権移転仮登記を
　　することに合意した。

　以上相違ありません。
　令和○年○月○日　○法務局御中

　　　　　　　　　　　権利者　○市○町○番地
　　　　　　　　　　　　　　　B　　　　㊞
　　　　　　　　　　　義務者　○市○町○番地
　　　　　　　　　　　　　　　A　　　　㊞

記録例

甲区

1	所有権移転	令和○年○月○日 第○号	原因　令和○年○月○日売買 所有者　○市○町○番地 　　　　A
2	始期付所有権移転仮登記	令和○年○月○日 第○号	原因　令和○年○月○日売買 （始期　令和○年○月○日） 権利者　○市○町○番地 　　　　B
	余　白	余　白	余　白

（記録例569）

【6】　死因贈与による所有権移転仮登記をする場合

　AはBと、Aが死亡したとき、A所有の土地をBに贈与する旨の契約を締結した場合のBの権利を保全する仮登記の方法はどうなるか。

1　締結した契約は、死因贈与契約である。

2　始期の到来により発生する権利は仮登記することができる。

解　説

1　死因贈与の意義

　Aの死亡によって効力が生じる贈与契約（民554）は、贈与者の死亡を停止条件とする贈与契約とする見解もありますが、登記実務上は人の死を始期とする期限付贈与と解するのが一般です。

2(1)　Aが生存している状態では、この贈与契約の効力は生じていません。期限が到来しているとは解されないからです。

(2)　そうすると、AからBへ所有権は移転していないので、不動産登記法105条1号の仮登記をすることはできないこととなります。

　　しかし、登記実務では、不動産登記法105条2号により、登記の

目的を「始期付所有権移転仮登記」とし、登記の原因を「年月日
贈与（始期　Aの死亡）」として仮登記によってBの権利の保全が
できるとしています。

記載例

●登記申請書

登 記 申 請 書

登記の目的　　始期付所有権移転仮登記
原　　　因　　令和○年○月○日贈与
　　　　　　　（始期　Aの死亡）
権　利　者　　○市○町○番地
　　　　　　　　　　　B
義　務　者　　○市○町○番地
　　　　　　　　　　　A
添 付 情 報　　登記原因証明情報　印鑑証明書　代理権限証書
　　　　　　　　　　（以下省略）

＜記載のポイント＞

1　この仮登記を申請する時点では、Aは生存し、贈与契約は効力が生じ
　　ていないので登記の目的は「始期付所有権移転仮登記」とされます。

2　添付情報、登録免許税は【2】と同じです。

○添付情報（登記原因証明情報）

登記原因証明情報

1　登記申請情報の要項
　(1)　登記の目的　　始期付所有権移転仮登記
　(2)　登記の原因　　令和○年○月○日贈与
　　　　　　　　　　（始期　Aの死亡）

---

　(3)　当事者　　　　権利者　○市○町○番地
　　　　　　　　　　　　　　　　B
　　　　　　　　　　義務者　○市○町○番地
　　　　　　　　　　　　　　　　A
　(4)　不動産の表示　（省略）
2　登記の原因となる事実又は法律行為
　(1)　令和○年○月○日、AとBは、本件不動産につき、Aの死亡を
　　始期とする贈与契約を締結した。
　(2)　令和○年○月○日、AとBは前記(1)につき仮登記をすること
　　に合意した。

　　　以上相違ありません。
　　　令和○年○月○日　○法務局御中

　　　　　　　　　　　　　　　権利者　○市○町○番地
　　　　　　　　　　　　　　　　　　　B　　　　㊞
　　　　　　　　　　　　　　　義務者　○市○町○番地
　　　　　　　　　　　　　　　　　　　A　　　　㊞

記録例

甲区

1	所有権移転	令和○年○月○日第○号	原因　令和○年○月○日売買 所有者　○市○町○番地 　　　　A
2	始期付所有権移転仮登記	令和○年○月○日第○号	原因　令和○年○月○日贈与 　　（始期　Aの死亡） 権利者　○市○町○番地 　　　　B
	余　白	余　白	余　白

（記録例569）

【7】　売買代金の完済を条件とする所有権の移転の仮登記を する場合

ケース

　ＡＢ間で、買主Ｂの売買代金の完済時に所有権がＡからＢに移転する旨の売買契約が成立した。

　この場合のＢの権利を保全する方法はどうなるか。

A　───────────▶　B
代金完済が条件

ポイント

　条件付売買契約は、本契約としての売買契約が成立しているが売買予約は、本契約が成立していない契約である。

解　説

1　残金の支払時に所有権が移転する旨の附款の性質

　(1)　売買契約の内容に、売買代金の完済時に所有権が移転する旨の附款がある場合、これを条件付売買とするか売買予約とするか見解の相違があります。

　(2)　この場合、当事者の意思は、将来的に売買契約を締結するのではなく、売買契約は成立しているものの、その効力は、代金の完済を停止条件としている（民127①）と解されます。

2　仮登記の方法

　(1)　先例は、このような附款のある売買契約がある場合に、買主の

権利を保全するために登記原因を「年月日売買（条件　売買代金完済）」として、所有権移転仮登記をすると解しています（昭58・3・2民三1308）。

(2)　これは、売買代金の完済前では、物権変動としての所有権の移転はなく、1号仮登記としての所有権移転仮登記をすることができないし、また、本契約としての売買契約が成立しているので所有権移転請求権も成立せず、ただ代金の完済という将来の不確実な事実に所有権の移転という効果がかかっているので2号仮登記をすると解していると考えられます。

記載例

●登記申請書

```
　　　　　　　　登 記 申 請 書

登記の目的　　　条件付所有権移転仮登記
原　　　因　　　令和○年○月○日売買
　　　　　　　　（条件　売買代金完済）
権　利　者　　　○市○町○番地
　　　　　　　　　　　B
義　務　者　　　○市○町○番地
　　　　　　　　　　　A
添 付 情 報　　　登記原因証明情報　印鑑証明書　代理権限証書
　　　　　　　　（以下省略）
```

＜記載のポイント＞

1　原因日付は、条件付ではあるものの、売買契約が成立した日です。

2　添付情報、登録免許税は【2】と同じです。

○添付情報（登記原因証明情報）

```
登記原因証明情報


1　登記申請情報の要項
 (1)　登記の目的　　条件付所有権移転仮登記
 (2)　登記の原因　　令和○年○月○日売買
　　　　　　　　　　（条件　売買代金完済）
 (3)　当事者　　　　権利者　○市○町○番地
　　　　　　　　　　　　　　　B
　　　　　　　　　　義務者　○市○町○番地
　　　　　　　　　　　　　　　A
 (4)　不動産の表示　（省略）
2　登記の原因となる事実又は法律行為
 (1)　AとBは、令和○年○月○日、本件不動産の所有権は、代金の
　　完済時に移転する特約付で売買契約を締結した。
 (2)　令和○年○月○日、AとBは前記(1)につき、仮登記をすること
　　を合意した。


　　以上相違ありません。
　　令和○年○月○日　○法務局御中


　　　　　　　　　　　　　　　権利者　○市○町○番地
　　　　　　　　　　　　　　　　　　　B　　　㊞
　　　　　　　　　　　　　　　義務者　○市○町○番地
　　　　　　　　　　　　　　　　　　　A　　　㊞
```

記録例

甲区

| 1 | 所有権移転 | 令和○年○月○日 | 原因　令和○年○月○日売買 |

		第○号	所有者　○市○町○番地 A
2	条件付所有権移転仮登記	令和○年○月○日 第○号	原因　令和○年○月○日売買 　　（条件　売買代金完済） 権利者　○市○町○番地 B
	余　白	余　白	余　白

（記録例570、昭58・3・2民三1308）

【8】　停止条件付代物弁済契約による所有権の移転の仮登記 をする場合

ケース

　AとBは、令和〇年〇月〇日金銭消費貸借契約を締結した。この契約には、債務者Aが支払期日に借入金を支払わないときは、代物弁済としてA所有の不動産の所有権をBに移転する旨の特約がある。

　この場合のBの権利を保全する方法はどうなるか。

ポイント

　A・B間の特約は停止条件付の代物弁済契約である。

解　説

1　AB間で締結された契約の性質

(1)　Aの金銭消費貸借上の債務不履行は、将来的に必ず生じるものではなく、不確定な事実として、代物弁済契約（民482）の条件となると解されます。よって、条件成就（Aの債務不履行）までは、代物弁済の効力は生じないと解されます。

(2)　また、代物弁済の効力としての所有権の移転は生じてはいない

　ものの、代物弁済契約という本契約は成立していると解されるの
で所有権移転請求権は発生していないと解されます。

2　Bのなすべき仮登記

　以上によれば、Bのなすべき仮登記は、不動産登記法105条1号仮登
記ではなく、2号仮登記の中の条件付権利を保全するための仮登記
と解することとなります。

記載例

●登記申請書

登 記 申 請 書

登記の目的　　条件付所有権移転仮登記
原　　　因　　令和○年○月○日代物弁済
　　　　　　　（条件　令和○年○月○日金銭消費貸借の債務不履行）
権　利　者　　○市○町○番地
　　　　　　　　　　B
義　務　者　　○市○町○番地
　　　　　　　　　　A
添 付 情 報　　登記原因証明情報　印鑑証明書　代理権限証書
　　　　　　　　　　（以下省略）

＜記載のポイント＞

1　登記原因日付は、法律行為としての（停止）条件付代物弁済契約が締
　結された日です。
2　条件は、括弧書にするとされています。
3　添付情報、登録免許税は【2】と同じです。

○添付情報（登記原因証明情報）

```
登記原因証明情報


1  登記申請情報の要項
 (1)  登記の目的    条件付所有権移転仮登記
 (2)  登記の原因    令和○年○月○日代物弁済
                （条件　令和○年○月○日金銭消費貸借の債務
                不履行）
 (3)  当事者      権利者　○市○町○番地
                        B
                義務者　○市○町○番地
                        A
 (4)  不動産の表示    （省略）
2  登記の原因となる事実又は法律行為
 (1)  ABは、令和○年○月○日金銭消費貸借契約を締結した。
 (2)  前記契約には、債務者Aが支払期日に債務額金○万円を支払わ
      ないときは、AはBに対し、A所有の本件不動産の所有権を移転
      する旨の合意がある。
 (3)  令和○年○月○日、AとBは、(2)によるBの権利の保全のため、
      仮登記をすることを合意した。


    以上相違ありません。
    令和○年○月○日　○法務局御中


                        権利者　○市○町○番地
                                B        ㊞
                        義務者　○市○町○番地
                                A        ㊞
```

※登記の目的は、「条件付所有権移転仮登記」であって「所有権移転請求権
　仮登記」とはされません。

記録例

甲区

1	所有権移転	令和○年○月○日 第○号	原因　令和○年○月○日売買 所有者　○市○町○番地 　　　A
2	条件付所有権移転仮登記	令和○年○月○日 第○号	原因　令和○年○月○日代物弁済（条件　令和○年○月○日金銭消費貸借の債務不履行） 権利者　○市○町○番地 　　　B
	余　白	余　白	余　白

（記録例570）

【9】　農地法3条の許可を条件とする所有権の移転の仮登記をする場合

ケース

　AとBは、A所有の農地につき農地法3条の許可を得ることを条件に売買契約を締結した。

　この場合のBの権利を保全する方法はどうなるか。

　売主　　　　　　　　　　　　　　　　　　買主

```
        ┌──────┐        売買
        │      │ ─────────────────────▶   B
        │  A   │   （3条の許可を条件とする）
        └──────┘
   農地
```

ポイント

1　農地法3条の許可は、法定停止条件である。

2　農地法の許可を条件とする場合は、条件付所有権移転仮登記による。

解　説

1　農地法3条の許可

(1)　農地等について、所有権を移転する場合、農業委員会の許可を受けなければならず農業委員会の許可を得ない行為は効力を生じない（農地3①⑥）とされています。

(2)　そうすると、許可のあるまでは所有権は移転していないので所

有権移転仮登記（不登105一）をすることはできないこととなります。

2　法定条件付の売買契約の性質

(1)　農地法3条の許可のない売買契約は、許可を法定条件として成立し、許可があると、そのときから将来に向って効力を生じ、許可のあるまでは、その効力の不確定の状態にある（最判昭37・5・29民集16・5・1226）と解されています。

(2)　また、農地法の許可は、法律行為の効力要件であるから、農地の売買契約の当事者が所有権の移転について農地法の許可を条件としても、それは法律上当然のことを約定したものであって、売買契約に停止条件を附したものではない（最判昭36・5・26民集15・5・1404）とも解しています。

3　物権変動自体に法定条件がある場合の仮登記

(1)　前記の判例によれば、農地法の許可は、所有権の移転の法定条件であって、民法上の停止条件とは異なるとされています。

(2)　しかし、法定条件についても民法129条が類推適用されるとして、請求権に条件がある場合の不動産登記法105条2号により、条件付所有権移転仮登記をすることができるとするのが先例です（昭37・1・6民甲3289）。

記載例

●登記申請書

```
            登 記 申 請 書


登記の目的　　条件付所有権移転仮登記
```

```
原　　　因　　令和○年○月○日売買
　　　　　　　（条件　農地法第3条の許可）
権　利　者　　○市○町○番地
　　　　　　　　　B
義　務　者　　○市○町○番地
　　　　　　　　　A
添 付 情 報　　登記原因証明情報　印鑑証明書　代理権限証書
　　　　　　　（以下省略）
```

＜記載のポイント＞

1 登記の目的は「条件付」であり、「停止条件付」とはされません。

2 農地法の許可が5条の場合には「原因　令和○年○月○日売買（条件　農地法第5条の許可）」となります。

　　3条、5条とも許可書は添付情報ではありません。

3 登録免許税は【2】と同じです。

4 なお、農地法の許可は取得しているが、その許可書の提供ができない場合は「所有権移転仮登記」（1号仮登記）となります。

○添付情報（登記原因証明情報）

```
　　　　　　　　　登記原因証明情報

1　登記申請情報の要項
（1）登記の目的　　条件付所有権移転仮登記
（2）登記の原因　　令和○年○月○日売買
　　　　　　　　　（条件　農地法第3条の許可）
（3）当事者　　　　権利者　○市○町○番地
　　　　　　　　　　　　　　B
　　　　　　　　　義務者　○市○町○番地
　　　　　　　　　　　　　　A
（4）不動産の表示　（省略）
2　登記の原因となる事実又は法律行為
（1）令和○年○月○日、AとBは、農地法第3条の許可を条件として、
```

　　　A所有の不動産につき売買契約を締結した。

(2)　令和○年○月○日、AとBは(1)につき条件付所有権移転仮登
　　記をすることに合意した。

　　以上相違ありません。
　　令和○年○月○日　○法務局御中

　　　　　　　　　　　　　権利者　○市○町○番地
　　　　　　　　　　　　　　　　　B　　　　㊞
　　　　　　　　　　　　　義務者　○市○町○番地
　　　　　　　　　　　　　　　　　A　　　　㊞

記録例

甲区

1	所有権移転	令和○年○月○日 第○号	原因　令和○年○月○日売買 所有者　○市○町○番地 　　　　A
2	条件付所有権移転仮登記	令和○年○月○日 第○号	原因　令和○年○月○日売買 　　（条件　農地法第3条の許可） 権利者　○市○町○番地 　　　　B
	余　白	余　白	余　白

（記録例571）

※①所有権の移転の時期を売買代金の完済時とした場合は「年月日売買（条
　　件　売買代金完済）」とされ、農地法3条の許可と売買代金の完済のい
　　ずれかが完了したときは「年月日売買（条件　農地法第3条の許可及び
　　売買代金完済）」と記録されます。

※②農地法の売買契約の効力は、許可書が当事者に到達した日に生じます
　　（昭35・10・6民甲2498）。

【10】 敷地権付き区分建物のみを目的とする所有権の移転の仮登記をする場合

ケース

　BはA所有の敷地権付き区分建物のみを目的とし、敷地権が生じる前の日付で所有権を取得していた。

　この場合のBを仮登記権利者とする所有権移転仮登記の方法はどうなるか。

区分建物

ポイント

1 敷地権付き区分建物は、原則として専有部分と敷地利用権の分離処分が禁止されている。

2 敷地権が生じる日前の建物のみの売買については所有権移転仮登記ができる。

解　説

1 区分建物と敷地利用権

(1) 敷地権付き区分建物とは、区分建物の表示の登記事項中に、敷地権の登記がされたもので、敷地権とは敷地利用権で登記されたものをいいます（不登55①、建物区分2⑥）。

(2)　この建物（専有部分）になされた所有権等の効力は敷地権にも及ぶのが原則です。

2　登記の制限の例外

(1)　原則として、敷地権付き区分建物の建物のみを目的として所有権、担保権に関する登記はできません（不登73③）。

(2)　例外として、敷地権が生じた日前の日を登記原因の日とする建物のみの所有権に関する仮登記をすることができる（不登73①二）とされています。

　　敷地権が生じる日前に建物のみを目的とする処分について、その登記を認めるものと解されます。

3　登記できる「建物のみに関する」仮登記の判断方法

(1)　敷地権が生じた日と仮登記の原因の日を基準とし、区分建物の表題部の敷地権の表示に記録されている日と、仮登記の登記原因の日付によって決せられ、敷地権が生じた日前の仮登記原因日付であれば、登記できる仮登記となります。

(2)　この基準に該当すれば、1号仮登記、2号仮登記とも「建物のみに関する」旨の付記登記が認められます。

$\boxed{\text{記載例}}$

●登記申請書

登　記　申　請　書
登記の目的　　　所有権移転仮登記
原　　　因　　　令和○年○月○日売買

```
権　利　者　　○市○町○番地
　　　　　　　　　　B
義　務　者　　○市○町○番地
　　　　　　　　　　A
添 付 情 報　　登記原因証明情報　印鑑証明書　代理権限証書
　　　　　　　　　（以下省略）
```

＜記載のポイント＞

1　添付情報は【2】と同じです。

2　登録免許税は、建物のみの仮登記分で【2】と同じです。

3　不動産の表示には、敷地権の表示を記載しません。これにより、この仮登記が建物のみに関する登記であることが判明します。

○添付情報（登記原因証明情報）

```
　　　　　　　　　　登記原因証明情報

１　登記申請情報の要項
　(1)　登記の目的　　所有権移転仮登記
　(2)　登記の原因　　令和○年○月○日売買
　(3)　当事者　　　　権利者　○市○町○番地
　　　　　　　　　　　　　　　　B
　　　　　　　　　　義務者　○市○町○番地
　　　　　　　　　　　　　　　　A
　(4)　不動産の表示　（省略）
２　当期の原因となる事実又は法律行為
　(1)　AはBに令和○年○月○日、本件区分建物を売却した。
　(2)　売却後の令和○年○月○日、本件区分建物に敷地権が生じた。
　(3)　令和○年○月○日、AとBは、(1)の売買につき、Aの登記識別
　　　情報の提供ができないので、所有権移転仮登記をすることに合意
　　　した。
```

　　以上相違ありません。
　　令和○年○月○日　　○法務局御中

　　　　　　　　　　　　　　　権利者　　○市○町○番地
　　　　　　　　　　　　　　　　　　　　B　　　　　㊞
　　　　　　　　　　　　　　　義務者　　○市○町○番地
　　　　　　　　　　　　　　　　　　　　A　　　　　㊞

※不動産の表示には、敷地権の表示は含まれません。

記録例

甲区

2	所有権移転	令和○年○月○日第○号	原因　令和○年○月○日売買 所有者　○市○町○番地 　　　A
	余　白	余　白	余　白
付記1号	2番登記では建物のみに関する	余　白	令和○年○月○日付記

（記録例572）

※登記原因日付は表題部の敷地権の表示中に登記した敷地権の登記の登記原因の日付より前であることを要する（不登73①二）とされます。

【11】　仮登記した所有権の移転の仮登記をする場合

ケース

　Bは、A所有の土地を売買によって取得したが、Aの登記識別情報の提供がなかったので所有権移転の仮登記をした。Bがこの土地をCに売却した場合、Cの登記の形式はどうなるか。

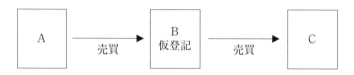

ポイント

1　AからBに移転したのは、所有権である。
2　Cの登記は、主登記による仮登記による。

解　説

1　Cが取得した権利と公示方法

（1）　Bは、AB間の売買によりAから所有権を取得しています。実体的に所有権を取得しても、Aの登記識別情報の提供がないので、Bは所有権移転の本登記ができず、所有権移転の仮登記（不登105一）をすることとなります。

（2）　このように、Bは仮登記した所有権を有するので、Cの登記も仮登記となることになります。この場合、「主登記による仮登記」をするとされています（昭36・12・27民甲1600）。Cが取得したのは所有権であり、付記登記（不登規3）をする場合ではないからです。

2　Cの仮登記本登記の方法

(1)　Cの所有権の仮登記を本登記にする場合、2番の仮登記を本登記とし、次に3番の仮登記を本登記にする方法によることとなると解されます。これにより、A→B→Cとの所有権の変動の過程が正確に記録されることとなります。

(2)　前記1(2)のようにCの仮登記は、主登記によると解されますが、その理由として仮に2番の仮登記の付記登記によるとすると、Cの所有権は、2番の仮登記の余白になされる（不登規179①）のでA→Cと所有権が変動したかのように公示され、所有権の変動の過程と反することとなるからと解されます。

記載例

●登記申請書

```
　　　　　　　　　　　登 記 申 請 書

登 記 の 目 的　　2番仮登記所有権移転の仮登記
原　　　　　因　　令和○年○月○日売買
権　利　者　　○市○町○番地
　　　　　　　　　　　　　C
義　務　者　　○市○町○番地
　　　　　　　　　　　　　B
添 付 情 報　　登記原因証明情報　印鑑証明書　代理権限証書
　　　　　　　　　　（以下省略）
```

＜記載のポイント＞

１　仮登記した所有権の売買なので、原因は、「令和○年○月○日売買」となります。

2　共同申請（不登60）の他、仮登記義務者の承諾のある場合の単独申請（不登107①）、仮登記仮処分命令による場合（不登108）があり、承諾書や仮登記仮処分の正本が添付情報となります。

3　登録免許税は、課税価格の1,000分の10（登税別表1－(十二)ロ(3)）。

○添付情報（登記原因証明情報）

登記原因証明情報

1　登記申請情報の要項
 (1)　登記の目的　　2番仮登記所有権移転の仮登記
 (2)　登記の原因　　令和○年○月○日売買
 (3)　当事者　　　　権利者　○市○町○番地
　　　　　　　　　　　　　　　　C
　　　　　　　　　　義務者　○市○町○番地
　　　　　　　　　　　　　　　　B
 (4)　不動産の表示　　（省略）
2　登記の原因となる事実又は法律行為
 (1)　A所有の本件不動産につき、Bは売買により所有権を取得しAの登記識別情報の提供がないのでその旨の仮登記をした。
 (2)　令和○年○月○日、BとCは、本件不動産につき売買契約を締結し、Cは代金全額を支払ったので所有権が移転した。
 (3)　同日、BCは、(2)につき仮登記をすることに合意した。

　　以上相違ありません。
　　令和○年○月○日　○法務局御中

　　　　　　　　　　　　　　　権利者　○市○町○番地
　　　　　　　　　　　　　　　　　　　C　　　㊞
　　　　　　　　　　　　　　　義務者　○市○町○番地
　　　　　　　　　　　　　　　　　　　B　　　㊞

○添付情報（承諾書）

承諾書

　後記不動産につき、○市○町○番地Cが、令和○年○月○日売買に
よる所有権移転仮登記を申請することを承諾する。
　令和○年○月○日
　　　○市○町○番地　　B　　実印

不動産の表示　　（省略）

記録例

甲区

1	所有権移転	令和○年○月○日 第○号	原因　令和○年○月○日売買 所有者　○市○町○番地 　　　A
2	所有権移転 仮登記	令和○年○月○日 第○号	原因　令和○年○月○日売買 権利者　○市○町○番地 　　　B
	余　白	余　白	余　白
3	2番仮登記 所有権移転 の仮登記	令和○年○月○日 第○号	原因　令和○年○月○日売買 権利者　○市○町○番地 　　　C
	余　白	余　白	余　白

（記録例575）

※登記の目的は「仮登記所有権」の移転と記録されます。

【12】　仮登記した所有権の移転請求権の移転の登記をする場合

ケース

　ＡＢは、Ａ所有の不動産につき売買予約契約を締結し、Ｂは所有権移転請求権の仮登記を経由した。

　Ｂがこの所有権移転請求権をＣに売買によって譲渡した場合のＣの権利はどのように記録されるか。

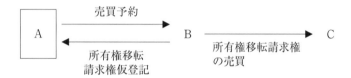

ポイント

1　ＢからＣに移転した権利は、所有権移転請求権である。

2　Ｃの権利は、Ｂの仮登記に対して付記の本登記により公示される。

解　説

1　ＢからＣへ移転した権利の性質

(1)　ＡＢ間で、Ａの不動産を目的とした売買予約契約が締結しているので、ＢはＡに対して、予約完結権として、所有権移転請求権（民556①）を有しています。

(2)　この請求権は、「所有権以外の権利」と解されるので、ＢがＣに

この権利を譲渡するとBの仮登記に付記登記をすることによりC
の権利が記録されます（昭36・12・27民甲1600）。

2　Cの仮登記に基づく本登記の方法

(1)　Cが本登記をした場合の所有権の変動の過程は、A→Cであり、
Bは所有権移転請求権を有するものの、所有権は取得していない
と考えられます。

(2)　A→Cへの所有権の移転の過程を記録するためには、B名義の
仮登記の余白にCを名義人とする本登記をすればよいと考えられ
ます。C名義とする付記登記は、B名義の主登記と一体のもの（不
登4②）とされているからです。

記載例

● 登記申請書

```
                登 記 申 請 書

  登記の目的    2番所有権移転請求権の移転
  原    因    令和○年○月○日売買
  権 利 者    ○市○町○番地
                    C
  義 務 者    ○市○町○番地
                    B
  添 付 情 報   登記原因証明情報　登記識別情報　印鑑証明書
               代理権限証書
                    （以下省略）
```

＜記載のポイント＞

1　登記の目的は「請求権」の移転であり、仮登記の移転ではありません。

② 登記原因日付は、B→Cと請求権が移転（売買）した日です。

③ Cによる単独申請（不登107①）は認められません。この登記は付記登記によるからです。

④ 添付情報として、Bの登記識別情報の提供が必要です（昭39・8・7民甲2736）。当該仮登記に基づく本登記はACによって申請され、Bの関与は不要なので、Bの保護を図る必要があると考えられるからです。

⑤ 登録免許税は、付記登記なので、不動産1個につき1,000円（登税別表1一(十四)）。

○添付情報（登記原因証明情報）

```
                    登記原因証明情報


 1  登記申請情報の要項
  (1)  登記の目的    2番所有権移転請求権の移転
  (2)  登記の原因    令和○年○月○日売買
  (3)  当事者      権利者  ○市○町○番地
                         C
                義務者  ○市○町○番地
                         B
  (4)  不動産の表示   （省略）
 2  登記の原因となる事実又は法律行為
  (1)  BはAと、所有不動産につき売買予約を締結し、所有権移転請
      求権の保全のため、仮登記をした（令和○年○月○日第○号登記
      済）。
  (2)  令和○年○月○日、BはCに(1)の売買予約完結権を売買によ
      り譲渡した。
  (3)  よって、同日、所有権移転請求権は、Cに移転した。


  以上相違ありません。
  令和○年○月○日　○法務局御中
```

	権利者	○市○町○番地
		C　　　　㊞
	義務者	○市○町○番地
		B　　　　㊞

記録例

甲区

1	所有権移転	令和○年○月○日第○号	原因　令和○年○月○日売買 所有者　○市○町○番地 A
2	所有権移転請求権仮登記	令和○年○月○日第○号	原因　令和○年○月○日売買予約 権利者　○市○町○番地 B
	余　白	余　白	余　白
付記1号	2番所有権移転請求権の移転	令和○年○月○日第○号	原因　令和○年○月○日売買 権利者　○市○町○番地 C

（記録例576）

※本登記をする場合、2番の仮登記の余白にCが登記されます。移転の目的は、「請求権」なので、物権変動の過程を、その順序で公示していることとなります。

【13】　仮登記した所有権の移転請求権の仮登記をする場合

ケース

　BはA所有の土地を売買によって取得したが、Aの登記識別情報の提供がなかったので所有権移転の仮登記をした。Bがこの土地につきCと売買予約契約を締結した場合のCの権利は、どのように記録されるか。

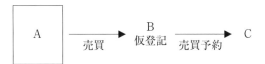

ポイント

|1| Cの有する権利は請求権である。
|2| Cの有する権利の登記は、主登記の仮登記による。

解　説

1　B、Cの有する権利

（1）　Bは、Aから実体的に所有権を取得し、所有権移転登記ができるところ、その手続上の条件が不備であるとして、仮登記（不登105一）を有していると解されます。つまりBは、仮登記された「所有権」として「仮登記所有権」を有しています。

（2）　Bは、「所有権」を有しているので、Cは、この「所有権」を目的として、Bと売買予約をすることができます。つまり、仮登記された所有権を目的として売買予約をすることができるので、この予約から生じる所有権移転請求権を保全するため仮登記（不登

105二）をすることができます。

2 Cの仮登記の方式

(1)　前記のように、Cの仮登記は、仮登記された「所有権」を目的
とした「移転請求権」を保全するためになされます。つまり、所
有権の移転請求権を保全する仮登記なので「所有権以外の権利」
の移転の登記として付記登記（不登規35）によるのではなく、主登
記によることとなります。

(2)　また、BCは、売買予約を締結しているので「請求権」を保全
するため仮登記をすることとなります。

記載例

●登記申請書

```
            登 記 申 請 書

登記の目的    2番仮登記所有権の移転請求権仮登記
原　　　因    令和○年○月○日売買予約
権　利　者    ○市○町○番地
                     C
義　務　者    ○市○町○番地
                     B
添 付 情 報    登記原因証明情報　印鑑証明書　代理権限証書
                  （以下省略）
```

＜記載のポイント＞

1　登記の目的は、仮登記された「所有権」の移転「請求権仮登記」とな
ります。

2　登録免許税は、課税価格の1,000分の10（登税別表1－(十二)ロ(3)）。

○添付情報（登記原因証明情報）

登記原因証明情報

1　登記申請情報の要項
 (1)　登記の目的　　2番仮登記所有権の移転請求権仮登記
 (2)　登記の原因　　令和○年○月○日売買予約
 (3)　当事者　　　　権利者　○市○町○番地
　　　　　　　　　　　　　　　C
　　　　　　　　　　義務者　○市○町○番地
　　　　　　　　　　　　　　　B
 (4)　不動産の表示　　（省略）
2　登記の原因となる事実又は法律行為
 (1)　令和○年○月○日、ABは、売買契約を締結し、本件不動産の買主Bは、所有権の移転につき仮登記をした。
 (2)　令和○年○月○日、BとCは、本件不動産につき売買予約を締結した。
 (3)　同日、BとCは(2)につき仮登記することを合意した。

　　以上相違ありません。
　　令和○年○月○日　　○法務局御中

　　　　　　　　　　　　　　　　　権利者　○市○町○番地
　　　　　　　　　　　　　　　　　　　　　C　　　　　㊞
　　　　　　　　　　　　　　　　　義務者　○市○町○番地
　　　　　　　　　　　　　　　　　　　　　B　　　　　㊞

記録例

甲区

| 1 | 所有権移転 | 令和○年○月○日 | 原因　令和○年○月○日売買 |

		第○号	所有者　○市○町○番地 A
2	所有権移転 仮登記	令和○年○月○日 第○号	原因　令和○年○月○日売買 権利者　○市○町○番地 B
	余　白	余　白	余　白
3	2番仮登記 所有権の移 転請求権仮 登記	令和○年○月○日 第○号	原因　令和○年○月○日売買予 約 権利者　○市○町○番地 C
	余　白	余　白	余　白

（記録例575〜577参照）

【14】 仮登記した所有権移転請求権の移転請求権の仮登記を する場合

ケース

　Bは、AとA所有の不動産につき、売買予約契約を締結し、所有権移転請求権を保全するため仮登記を有しているところ、BはCとこの売買予約に基づく予約完結権の売買予約契約を締結した。

　この場合のCの権利の保全のための登記はどのように記録されるか。

ポイント

1　Cの有する権利は、所有権移転請求権の移転請求権である。

2　Cの権利は、Bの所有権移転請求権仮登記に対する付記の仮登記によって公示する。

解　説

1　ABCの権利構造

(1)　AB間の売買予約契約により、BはAに対して所有権移転請求権を有しています。

(2)　このBの請求権を目的として、BC間で、売買予約契約をしているので、CはBの移転請求権に対する移転請求権を有します。

　B、Cの権利共に、請求権を保全するために、2号仮登記をするこ

とととなります。

2　仮登記の形式

　Cの権利は、移転請求権を目的としているので「所有権以外の権利」の移転として、Bの有する仮登記に付記（不登規35）する仮登記によって登記されます（昭36・12・27民甲1600）。

　記載例

●登記申請書

```
              登 記 申 請 書

登記の目的    2番所有権移転請求権の移転請求権仮登記
原    因    令和○年○月○日売買予約
権 利 者    ○市○町○番地
                    C
義 務 者    ○市○町○番地
                    B
添 付 情 報    登記原因証明情報　印鑑証明書　代理権限証書
                (以下省略)
```

＜記載のポイント＞

1　添付情報、登録免許税は【13】と同じです。

2　Cの権利は、仮登記によるので、登記識別情報の提供は不要です。

○添付情報（登記原因証明情報）

```
            登記原因証明情報


1　登記申請情報の要項
 (1)　登記の目的    2番所有権移転請求権の移転請求権仮登記
```

　(2)　登記の原因　　令和○年○月○日売買予約
　(3)　当事者　　　　権利者　○市○町○番地
　　　　　　　　　　　　　　　　C
　　　　　　　　　　義務者　○市○町○番地
　　　　　　　　　　　　　　　　B
　(4)　不動産の表示　　（省略）
2　登記の原因となる事実又は法律行為
　(1)　AとBは、令和○年○月○日、Bの不動産につき売買予約契約
　　を締結し、Bは所有権移転請求権仮登記をした。
　(2)　令和○年○月○日、BはCと(1)の所有権移転請求権を目的と
　　する売買予約契約を締結した。
　(3)　令和○年○月○日、BとCは(2)の請求権を保全するため、仮登
　　記をすることを合意した。

　　以上相違ありません。
　　令和○年○月○日　○法務局御中

　　　　　　　　　　　　　権利者　○市○町○番地
　　　　　　　　　　　　　　　　C　　　　㊞
　　　　　　　　　　　　　義務者　○市○町○番地
　　　　　　　　　　　　　　　　B　　　　㊞

　記録例

甲区

| 1 | 所有権移転 | 令和○年○月○日第○号 | 原因　令和○年○月○日売買
所有者　○市○町○番地
A |
| 2 | 所有権移転請求権仮登 | 令和○年○月○日第○号 | 原因　令和○年○月○日売買予約 |

	記		権利者　○市○町○番地 　　　　B
	余　白	余　白	余　白
付記 1号	2番所有権 移転請求権 の移転請求 権仮登記	令和○年○月○日 第○号	原因　令和○年○月○日売買予 　　　約 権利者　○市○町○番地 　　　　C
	余　白	余　白	余　白

（記録例577）

※Cの仮登記を本登記にする方法

　まず、BCの申請により、付記1号のCの所有権移転の請求権の仮登記を本登記として、付記1号の余白にC名義の登記をします。

　これにより、CにはBの有する所有権移転請求権が移転することとなるので、ACの申請により、2番の主登記による仮登記の余白にCを記録することとなります。

【15】　所有権の登記の抹消の仮登記をする場合

ケース

　AとBは、目的不動産の同一性を誤って売買契約を締結し、Bは所有権移転の登記を得た。Aは、A名義の登記に戻したいが、Bの登記識別情報の提供がない場合、AはB名義の所有権の登記の抹消の仮登記をすることができるか。

ポイント

|1| 権利の登記の抹消にも、不動産登記法105条の適用がある。
|2| 抹消の仮登記は、実益のある場合に認められる。

解　説

1　抹消の仮登記の意義

(1)　抹消されるべき登記とは、実体的な権利関係と符合しない登記と解されます。

　　そうすると、例えば、既になされた登記が実体に符合しなくなり、抹消されるべき登記となったときは、当事者は、当該登記の抹消請求権を有することとなります。

(2)　抹消の登記も、不動産登記法105条に規定される登記と解されるので、権利の抹消の登記が直ちにできないときに抹消の仮登記が認められます（大決大10・7・25民録27・1399）。

2　抹消の仮登記が認められる場合

(1)　抹消の仮登記が認められる場合とは、その実益がある場合と考えられます。

(2)　例えば、既になされた登記の登記原因が絶対的に無効であれば、この無効は、何人にも主張できるので、抹消の仮登記を認める必要はないとも考えられます。しかし、抹消の仮登記に、取引上の安全の観点から警告的な効果もあるとして実益がないとはいえないし、登記官には、登記原因が絶対的に無効か否か判断するのは困難であるので、登記原因の無効を第三者に対抗できる場合であっても抹消の仮登記をする実益はあると解されます。

(3)　また、登記原因の無効を第三者に対抗できない場合であっても、仮登記を認めることにより、登記の推定力から第三者の悪意を推定できるようになったり、対抗要件としての登記の順位が保全できることとなる場合もあり、抹消の登記を認める実益はあると解されます。

(4)　仮登記は、登記手続上の条件が具備されない場合に認められるので、登記の抹消について、登記上の利害関係人の承諾が得られないとき（不登68）は、抹消の仮登記を認める（昭37・10・11民甲2810）べきと解されています。

┌─────────┐
│ 記載例 │
└─────────┘

●登記申請書

```
                    登 記 申 請 書

  登記の目的　　2番所有権抹消仮登記
  原　　　因　　錯誤
  権　利　者　　○市○町○番地
                    A
```

```
義 務 者　　○市○町○番地
　　　　　　　　B
添 付 情 報　　登記原因証明情報　印鑑証明書　代理権限証書
　　　　　　　　　（以下省略）
```

＜記載のポイント＞

■1　本ケースは、実務上多く見られる「錯誤」を原因とする抹消の仮登記ですが「合意解除」を原因とする場合は合意解除契約が成立した日が原因日付となります。なお、「錯誤」の効果は、「無効」から、「取消し」に改正されました（民95）。

　　しかし、原因が「錯誤」であることに変わりなく、効果が改正されたものと解して抹消登記の登記原因は、従来と同じく「錯誤」としました。

■2　この仮登記によりAは直接に利益を受けるので登記権利者（不登二十二）であり、不利益を受けるBが登記義務者（不登二十三）となります。

■3　甲区登記名義人Bが登記義務者なので、Bの印鑑証明書が必要です（不登令16①②③、不登規47三イ(1)）。

■4　登録免許税は、不動産1個につき1,000円（登税別表1一（十五））。

○添付情報（登記原因証明情報）

```
　　　　　　　　　　　　登記原因証明情報

1　登記申請情報の要項
　(1)　登記の目的　　　2番所有権抹消仮登記
　(2)　登記の原因　　　錯誤
　(3)　当事者　　　　　権利者　○市○町○番地
　　　　　　　　　　　　　　　　A
　　　　　　　　　　　義務者　○市○町○番地
　　　　　　　　　　　　　　　　B
　(4)　不動産の表示　　（省略）
2　登記の原因となる事実又は法律行為
　(1)　令和○年○月○日、AとBはA所有の不動産につき売買契約を
　　　締結し、買主Bは、所有権移転の登記を経由した。
```

(2)　前記売買契約は、目的物の同一性を誤って締結したので、令和
〇年〇月〇日Aは、前記契約を取り消した。

(3)　Aは、B名義の登記を抹消すべきところBは登記識別情報の提
供をすることができないので、令和〇年〇月〇日、ABは、B名
義の登記の抹消の仮登記をすることに合意した。

以上相違ありません。

令和〇年〇月〇日　〇法務局御中

権利者　〇市〇町〇番地
　　　　A　　　　　㊞
義務者　〇市〇町〇番地
　　　　B　　　　　㊞

記録例

甲区

1	所有権移転	令和〇年〇月〇日第〇号	原因　令和〇年〇月〇日売買 所有者　〇市〇町〇番地 　　　　A
2	所有権移転	令和〇年〇月〇日第〇号	原因　令和〇年〇月〇日売買 所有者　〇市〇町〇番地 　　　　B
3	2番所有権抹消仮登記	令和〇年〇月〇日第〇号	原因　錯誤
	余　白	余　白	余　白

（記録例578）

第2 地上権に関する仮登記

【16】 地上権の設定の仮登記をする場合

ケース

　Bは、A所有の土地につき、木造建物の所有を目的として、地上権設定契約を締結した。Aの登記識別情報の提供がなく、地上権設定の登記をすることができないので地上権設定仮登記をしたい。このような場合どうなるか。

　なお、当該土地には、Cを地上権者とする地上権設定登記が既になされている。

ポイント

1 地上権は、仮登記のできる権利である。
2 地上権は重複して設定の仮登記ができる。

解　説

1 地上権の設定に関する登記

（1）　地上権に関する登記も、所有権に関する登記の場合と同様に仮登記をすることができます。

　　地上権設定契約の締結により、実体上、地上権が成立し、地上権の効力が生じているのに登記手続上の条件を具備していない場

合（不登105 ・）と、地上権設定予約がある場合の、予約権利者が地上権設定請求権を保全するのに必要とする場合（不登105二）に仮登記をすることができます。

(2)　共同申請による他、仮登記義務者の承諾のある場合の仮登記権利者による単独申請もできます。仮登記仮処分のある場合にも、仮登記権利者の単独申請ができます。

2　重複した地上権の設定

(1)　地上権は、他人の土地を使用することができる権利（民265）なので、存続期間が満了していても既登記の地上権設定の登記が抹消されなければ、新たな地上権の設定の登記はできない（昭37・5・4民甲1262）と解されています。

(2)　しかし、地上権設定仮登記は、他の仮登記と同様、予備登記として、仮登記のままでは対抗力を有しないと解されています。したがって、地上権設定登記がなされていても地上権の設定の仮登記ができるし、地上権設定の仮登記がなされていても、地上権設定の仮登記をすることもできると解されます。

記載例

●登記申請書

登 記 申 請 書
登記の目的　　地上権設定仮登記
原　　　因　　令和○年○月○日設定
目　　　的　　木造建物所有
存 続 期 間　　○年
地　　　代　　1平方メートル1年○円

```
支 払 時 期　　毎年12月31日
権 利 者　　○市○町○番地
　　　　　　　　　B
義 務 者　　○市○町○番地
　　　　　　　　　A
添 付 情 報　　登記原因証明情報　印鑑証明書　代理権限証書
　　　　　　　　　（以下省略）
```

＜記載のポイント＞

1　実体的には、地上権（民265）が設定されているので原因は、「設定」となります。

2　地上権設定の目的が建物所有である場合は、登記事項として「建物所有」としますが、借地権である地上権の場合は建物の構造をも記載してもよい（平4・7・7民三3930第1・1(2)）とされています。

3　地代、支払時期の定めがあるときは、「地代　1平方メートル1年○円」「支払時期　毎年12月31日」の例により記録されます（不登78）。
　　定期借地権の設定の場合は、その旨が登記事項とされています。

4　登録免許税は、課税価格の1,000分の5（登税別表1－(十二)ハ(1)）。

○添付情報（登記原因証明情報）（地代、支払時期の定めのある場合）

```
　　　　　　　　　　登記原因証明情報

1　登記申請情報の要項
　(1)　登記の目的　　　地上権設定仮登記
　(2)　登記の原因　　　令和○年○月○日設定
　(3)　当事者　　　　　権利者　○市○町○番地
　　　　　　　　　　　　　　　　　B
　　　　　　　　　　　　義務者　○市○町○番地
　　　　　　　　　　　　　　　　　A
　(4)　不動産の表示　　（省略）
2　登記の原因となる事実又は法律行為
　(1)　令和○年○月○日、AとBは、Aの土地につき、地上権設定契
　　約を締結した。
```

地上権の内容は、以下のとおりである。
　　　目　　的　　　木造建物所有
　　　存続期間　　　○年
　　　地　　代　　　1平方メートル1年○円
　　　支払時期　　　毎年12月31日
(2)　　令和○年○月○日、ＡＢは、Ａが地上権設定に必要な登記識別情報の提供ができないので、地上権設定仮登記をすることを合意した。

　　以上相違ありません。
　　令和○年○月○日　　○法務局御中

　　　　　　　　　　　　　　　権利者　　○市○町○番地
　　　　　　　　　　　　　　　　　　Ｂ　　　　　㊞
　　　　　　　　　　　　　　　義務者　　○市○町○番地
　　　　　　　　　　　　　　　　　　Ａ　　　　　㊞

記録例

乙区

1	地上権設定仮登記	令和○年○月○日第○号	原因　令和○年○月○日設定 目的　木造建物所有 存続期間　○年 地代　1平方メートル1年○円 支払時期　毎年12月31日 権利者　○市○町○番地 　　　　Ｂ
	余　白	余　白	余　白

（記録例581・254参照）

【17】　地上権設定請求権の仮登記をする場合

ケース

Bは、Aと地上権設定の予約契約を締結した。

Bの地上権の順位を保全する登記の方法はどうなるか。

ポイント

仮登記の原因は、締結された「設定予約」である。

解　説

1　請求権の発生

　将来、本契約である地上権を成立させる地上権設定予約が締結されると、予約完結を有するBには、地上権設定請求権が発生することとなります。

2　請求権の保全の仮登記

　前記の請求権を保全するためには、不動産登記法105条2号仮登記によることができます。

記載例

●登記申請書

```
　　　　　　　　　　登 記 申 請 書

登記の目的　　　地上権設定請求権仮登記
原　　　　因　　　令和○年○月○日設定予約
目　　　　的　　　木造建物所有
存 続 期 間　　　○年
地　　　　代　　　1平方メートル1年○円
支 払 時 期　　　毎年12月31日
権 利 者　　　○市○町○番地
　　　　　　　　　　　　B
義 務 者　　　○市○町○番地
　　　　　　　　　　　　A
添 付 情 報　　　登記原因証明情報　印鑑証明書　代理権限証書
　　　　　　　　　　　（以下省略）
```

＜記載のポイント＞

1　設定予約により設定請求権が発生し、これを保全するので「地上権設定請求権仮登記」となります。

2　その余の登記事項、登録免許税等は【16】と同じです。

○添付情報（登記原因証明情報）

```
　　　　　　　　　　登記原因証明情報

1　登記申請情報の要項
　(1)　登記の目的　　　地上権設定請求権仮登記
　(2)　登記の原因　　　令和○年○月○日設定予約
　(3)　当事者　　　　　権利者　○市○町○番地
　　　　　　　　　　　　　　　　　B
　　　　　　　　　　　義務者　○市○町○番地
　　　　　　　　　　　　　　　　　A
　(4)　不動産の表示　　（省略）
```

2　登記の原因となる事実又は法律行為
(1)　令和○年○月○日、AとBは、Aの不動産につき、次の内容の
地上権設定予約契約を締結した。
　　　　目　　　的　　木造建物所有
　　　　存続期間　　○年
　　　　地　　　代　　1平方メートル1年○円
　　　　支払時期　　毎年12月31日
(2)　令和○年○月○日、AとBは、前記内容について、地上権設定
請求権仮登記をすることを合意した。

以上相違ありません。
令和○年○月○日　○法務局御中

　　　　　　　　　　　　権利者　○市○町○番地
　　　　　　　　　　　　　　　　B　　　　㊞
　　　　　　　　　　　　義務者　○市○町○番地
　　　　　　　　　　　　　　　　A　　　　㊞

記録例

乙区

1	地上権設定請求権仮登記	令和○年○月○日第○号	原因　令和○年○月○日設定予約 目的　木造建物所有 存続期間　○年 地代　1平方メートル1年○円 支払時期　毎年12月31日 権利者　○市○町○番地 B
	余　白	余　白	余　白

（記録例581・254参照）

【18】　地上権の変更の仮登記をする場合

ケース

　Bは、A所有の土地に地上権を有するところ（令和〇年〇月〇日第〇号登記済）、令和〇年〇月〇日地上権の存続期間を延長し〇年と変更した。地上権の変更の登記に必要なAの登記識別情報の提供ができない場合の変更登記の方法はどうなるか。

```
┌───────┐
│   A   │  ◄─────────────────────  B
└───────┘       地上権変更の登記
```

ポイント

１　地上権の変更も仮登記ができる。

２　登記権利者、登記義務者は、登記上の利益、不利益により認定する。

解　説

1　地上権の変更の仮登記

（1）　地上権も、所有権以外の権利として、その変更の仮登記もできると解されます。

（2）　地上権の内容に変更があり、設定者の登記識別情報の提供ができない等、変更の登記の手続上の条件が不備の場合、その変更の仮登記をすることにより、将来、変更の本登記をすれば、その変更の内容を第三者に対抗することができることとなります。

2　変更の内容による登記権利者、登記義務者の変動

(1)　一般的には、地上権設定者が変更登記の登記義務者となる例が
多いと思われます。

(2)　しかし、存続期間の変更、地代の変更によって、登記上利益を
得、不利益を受ける者を基準として登記権利者、登記義務者（不登
2十二・十三）が決せられます。

記載例

●登記申請書

```
　　　　　　　　　登 記 申 請 書

登記の目的　　1番地上権変更仮登記
原　　　因　　令和○年○月○日変更
　　変更後の事項　　存続期間○年
権 利 者　　○市○町○番地
　　　　　　　　　　B
義 務 者　　○市○町○番地
　　　　　　　　　　A
添 付 情 報　　登記原因証明情報　印鑑証明書
　　　　　　　　　　（以下省略）
```

＜記載のポイント＞

1　地上権の期間の延長の場合、地上権者Bが登記権利者であり、短縮さ
れる場合は、地上権設定者Aが登記権利者となります。

2　ちなみに、地代の増額の場合はAが登記義務者、減額の場合はAが登
記権利者となります。

3　Aが登記義務者の場合は、Aの印鑑証明書が必要です。

4　登録免許税は、不動産1個につき1,000円（登税別表1一（十二）ト）。

○添付情報（登記原因証明情報）

```
　　　　　　　　　　　登記原因証明情報


1　登記申請情報の要項
　(1)　登記の目的　　　1番地上権変更仮登記
　(2)　登記の原因　　　令和○年○月○日変更
　(3)　当事者　　　　　権利者　　　○市○町○番地
　　　　　　　　　　　　　　　　　B
　　　　　　　　　　　義務者　　　○市○町○番地
　　　　　　　　　　　　　　　　　A
　(4)　不動産の表示　　（省略）
2　登記の原因となる事実又は法律行為
　(1)　Bは、Aと地上権設定契約を締結し、その旨の登記をした（令
　　　和○年○月○日受付第○号登記済）。
　(2)　令和○年○月○日、AとBは存続期間を○年と変更したが、変
　　　更登記に必要なAの登記識別情報の提供ができない。
　(3)　よって、AとBは、同日、(2)の変更の仮登記をすることを合意
　　　した。


　　　以上相違ありません。
　　　令和○年○月○日　○法務局御中


　　　　　　　　　　　　　　権利者　○市○町○番地
　　　　　　　　　　　　　　　　　B　　　　㊞
　　　　　　　　　　　　　　義務者　○市○町○番地
　　　　　　　　　　　　　　　　　A　　　　㊞
```

記録例

乙区

1	地上権設定	（省略）	（省略） 地上権者　○市○町○番地 　　　　　B
付記 1号	1番地上権 変更仮登記	令和○年○月○日 第○号	原因　令和○年○月○日変更 存続期間　○年
	余　白	余　白	余　白

（記録例266・582参照）

※①登記上の利害関係を有する第三者の承諾があるときは付記登記により、その承諾のないときは主登記の仮登記をすることとなります。

※②2号仮登記の場合は、「登記の目的　○番地上権変更請求権仮登記」「原因　令和○年○月○日変更予約」と記録されます。

第3 地役権に関する仮登記

【19】 地役権の設定の仮登記をする場合

ケース

Bが、Aの土地を承役地とし、通行を目的とする始期付地役権を設定した場合の、Bの権利を保全する方法はどうなるか。

ポイント

仮登記の場合でも、承役地に地役権設定の仮登記がされると、要役地にも登記官の職権で、所定の事項が登記される。

解 説

1 承役地、要役地の意義

(1) 地役権は、設定行為で定めた目的に従い、他人の土地を自己の土地の便益に供する権利（民280）です。

(2) Bの所有する土地は、Aの所有する土地から、「通行」という便益を受けるので「要役地」とされ、Aの土地は、負担を負うので「承役地」とされます。

2 要役地の職権による登記事項

承役地に、地役権設定の仮登記がなされると、要役地に一定の事項

（不登80④、不登規159①）を内容とする要役地地役権設定仮登記が登記官の職権によりなされます。

記載例

●登記申請書

```
                    登 記 申 請 書

登記の目的      始期付地役権設定仮登記
原    因      令和○年○月○日設定
              （始期　令和○年○月○日）
目      的      通行
範      囲      全部
権  利  者      ○市○町○番地
                      B
義  務  者      ○市○町○番地
                      A
添 付 情 報      登記原因証明情報　印鑑証明書　代理権限証書
令和○年○月○日申請　○法務局
代  理  人      ○○
登 録 免 許 税    金○円
不動産の表示
  承  役  地      （Aの土地の表示）
  要  役  地      （Bの土地の表示）
```

＜記載のポイント＞

1　登記原因日付は、始期付地役権設定行為がなされた日となります。

2　範囲が承役地の一部である場合は、例えば「南側○○平方メートル」と、添付情報として地役権図面（不登規79）が提出されます。

3　登録免許税は、承役地の不動産1個につき1,000円（登税別表1－（十二）ト）。

○添付情報（登記原因証明情報）

登記原因証明情報

1　登記申請情報の要項
　(1)　登記の目的　　　始期付地役権設定仮登記
　(2)　登記の原因　　　令和○年○月○日設定
　　　　　　　　　　　（始期　令和○年○月○日）
　(3)　当事者　　　　　権利者　○市○町○番地
　　　　　　　　　　　　　　　　　B
　　　　　　　　　　　義務者　○市○町○番地
　　　　　　　　　　　　　　　　　A
　(4)　不動産の表示　　（承役地、要役地の表示）
2　登記の原因となる事実又は法律行為
　(1)　令和○年○月○日、AとBは、本件不動産に令和○年○月○日
　　　を始期とする下記内容の地役権設定契約を締結した。
　　　　　　　目　的　　　通行
　　　　　　　範　囲　　　全部
　(2)　令和○年○月○日、AとBは(1)の内容の地役権設定仮登記を
　　　することを合意した。

　　　以上相違ありません。
　　　令和○年○月○日　　○法務局御中

　　　　　　　　　　　　　権利者　○市○町○番地
　　　　　　　　　　　　　　　　　B　　　　㊞
　　　　　　　　　　　　　義務者　○市○町○番地
　　　　　　　　　　　　　　　　　A　　　　㊞

記録例

承役地　乙区

1	始期付地役権設定仮登記	令和○年○月○日第○号	原因　令和○年○月○日設定 　　（始期　令和○年○月○日） 目的　通行 範囲　全部 要役地　○市○町○番
	余　白	余　白	余　白

要役地　乙区

1	始期付要役権仮登記	余　白	承役地　○市○町○番 目的　通行 範囲　全部 令和○年○月○日登記
	余　白	余　白	余　白

(記録例282参照)

※受付年月日、受付番号が余白なのは、登記官による職権登記であることを示しています。

第4　賃借権に関する仮登記

【20】　賃借権の設定の仮登記をする場合

ケース

　Bは、A所有の土地につき、建物の所有を目的として賃借権を設定した。

　賃借権設定の登記を合意していたところ登記に必要なAの登記識別情報の提供ができない場合、Bの権利保全のための登記の方法はどうなるか。

ポイント

　賃借権設定の仮登記には、賃借権設定契約の他、仮登記をする旨の合意が必要である。

解　説

1　賃借権の性質による賃借権設定仮登記の可否

(1)　賃借権設定の仮登記は、実体的に、賃借権が成立していても、その設定の登記に必要な登記上の条件が不備の場合（不登105一）になされます。

(2)　その他、賃借権の法的性質から、実体的に賃借権が成立しない場合には、その仮登記もできないと解されます。仮登記は、本登

記できることを前提としているからです。

　例えば、賃借権の本質は債権と解されるので、賃借権設定契約からは、当然にはその設定登記請求権は発生せず、合意が必要です。したがってその仮登記についても別途、当事者の合意が必要となります（大判大10・7・11民録27・1378）。

2　共有持分についての賃借権の設定の可否

　また、ある共有者の共有持分についても賃借権の設定ができないので、その仮登記もできません（昭48・10・13民三7694）。

　もっとも、賃借権は債権であると解すれば、重複した賃借権の設定も可能であり、賃借権設定の登記のある土地に重ねて設定仮登記をすることができると解されます（昭30・5・21民甲972）。

記載例

●登記申請書

```
　　　　　　　　　　　登 記 申 請 書

　登記の目的　　賃借権設定仮登記
　原　　　因　　令和○年○月○日設定
　目　　　的　　建物所有
　賃　　　料　　1月○万円
　支 払 時 期　　毎月末日
　存 続 期 間　　令和○年○月○日から○年
　敷　　　金　　金○万円
　特　　　約　　譲渡、転貸ができる
　権　利　者　　○市○町○番地
　　　　　　　　　　　B
　義　務　者　　○市○町○番地
　　　　　　　　　　　A
　添 付 情 報　　登記原因証明情報　印鑑証明書　代理権限証書
　　　　　　　　　　（以下省略）
```

＜記載のポイント＞

1 登記原因は「設定」です。実体的には、賃借権が成立しているからです。

2 賃料以外の登記事項は、その定めのある場合に申請情報の内容となります（不登81）。

3 支払時期について、支払済の場合は「支払済」となります。

4 存続期間は、例えば「何某の死亡まで」とすることができます（昭38・11・22民甲3116）。

5 登録免許税は、課税価格の1,000分の5（登税別表1－(十二)ハ(1)）です。

○添付情報（登記原因証明情報）

登記原因証明情報

1　登記申請情報の要項
- (1)　登記の目的　　賃借権設定仮登記
- (2)　登記の原因　　令和○年○月○日設定
- (3)　当事者　　　　権利者　○市○町○番地
　　　　　　　　　　　　　　　B
　　　　　　　　　　義務者　○市○町○番地
　　　　　　　　　　　　　　　A
- (4)　不動産の表示　　（省略）

2　登記の原因となる事実又は法律行為
- (1)　令和○年○月○日、AとBは、A所有の本件土地につき、次の内容の賃借権設定契約を締結し、その設定登記をすることを合意した。

　　目　　的　　建物所有
　　賃　　料　　1月○万円
　　支払時期　　毎月末日
　　存続期間　　令和○年○月○日から○年
　　敷　　金　　金○万円
　　特　　約　　譲渡、転貸ができる

---

(2)　令和○年○月○日AとBは、前記(1)の内容の賃借権設定仮登記をすることを合意した。

以上相違ありません。
令和○年○月○日　○法務局御中

権利者　○市○町○番地
　　　　B　　　　㊞
義務者　○市○町○番地
　　　　A　　　　㊞

※①特約として「譲渡、転貸ができる」がある場合、これを登記しないと、譲渡、転貸ごとに個別にAの承諾が必要となります（民612①）。
※②賃借権の登記（仮登記）をすることの合意がないと登記請求権が発生しません。

記録例

乙区

1	賃借権設定仮登記	令和○年○月○日第○号	原因　令和○年○月○日設定 目的　建物所有 賃料　1月○万円 支払時期　毎月末日 存続期間　令和○年○月○日から○年 敷金　金○万円 特約　譲渡、転貸ができる 権利者　○市○町○番地 　　　　B
	余　白	余　白	余　白

（記録例293・583参照）

【21】　停止条件付賃借権設定の仮登記をする場合

ケース

　Bは、Aに対し金銭消費貸借契約に基づく金銭債権を有するところ、Aのこの債務不履行の場合、A所有の建物につき、賃借権が設定できる旨合意したときのBの請求権の保全の仮登記の方法はどうなるか。

ポイント

|1| 停止条件は金銭消費貸借上の債務不履行である。

|2| 賃借権設定契約の他仮登記をする旨のＡＢの合意が必要である。

解　説

1　金銭消費貸借の債務不履行の賃借権設定における意味

　(1)　Aの金銭消費貸借の債務不履行は、ＡＢ間の賃貸借契約の停止条件となると解されます。法律行為の効力の発生が、将来の不確実な事実に係っている場合、この事実は停止条件とされ、この条件が成就すると効力が発生する（民127①）ので、Aの金銭消費貸

借の債務不履行は、賃借権設定契約の停止条件となると解されます。

(2)　そうすると、この債務不履行があると、条件が成就し、Bは、賃借権設定請求権を有し、この請求権を保全するため、仮登記（不登105二）をすることができることとなります。

2　仮登記する旨の合意の必要性

(1)　賃借権（民601以下）の本質は、条文上の位置、性質から、債権と解されています。

(2)　したがって、不動産賃借権についても、当然には登記請求権は発生しないと解され当事者の設定の合意を必要とするので、その仮登記も、当事者の合意を根拠とすることとなります。

記載例

●登記申請書

登 記 申 請 書

登記の目的　　条件付賃借権設定仮登記
原　　　因　　令和○年○月○日設定
　　　　　　　（条件　令和○年○月○日金銭消費貸借の債務不履行）
賃　　　料　　1月○万円
支 払 時 期　　毎月末日
存 続 期 間　　○年
特　　　約　　譲渡、転貸ができる
権 利 者　　　○市○町○番地
　　　　　　　　　　B
義 務 者　　　○市○町○番地
　　　　　　　　　　A

```
添 付 情 報　　　登記原因証明情報　印鑑証明書　代理権限証書
　　　　　　　　　　　　（以下省略）
```

＜記載のポイント＞

1 実体上は「停止条件付」ですが、申請情報は、単に「条件付」とされ
ます。

　　この条件は括弧書でするとされています。

2 添付情報、登録免許税等は【20】と同じです。

○添付情報（登記原因証明情報）

```
　　　　　　　　　　　　登記原因証明情報


1　登記申請情報の要項
 (1)　登記の目的　　条件付賃借権設定仮登記
 (2)　登記の原因　　令和○年○月○日設定
　　　　　　　　　　（条件　令和○年○月○日金銭消費貸借の債務
　　　　　　　　　　　不履行）
 (3)　当事者　　　　権利者　○市○町○番地
　　　　　　　　　　　　　　　　　B
　　　　　　　　　　義務者　○市○町○番地
　　　　　　　　　　　　　　　　　A
 (4)　不動産の表示　（省略）
2　登記の原因となる事実又は法律行為
 (1)　令和○年○月○日、AとBは、以下の内容の条件付賃借権設定
　　　契約を締結した。
　　　　　　条　　件　　令和○年○月○日金銭消費貸借の債務不履行
　　　　　　賃　　料　　1月○万円
　　　　　　支払時期　　毎月末日
　　　　　　存続期間　　○年
　　　　　　特　　約　　譲渡、転貸ができる
```

 (2) 令和○年○月○日、ＡＢは(1)の内容の条件付賃借権設定仮登
  記をすることを合意した。

 以上相違ありません。
 令和○年○月○日　○法務局御中

権利者　○市○町○番地
　　　　B　　　　　㊞
義務者　○市○町○番地
　　　　A　　　　　㊞

※ＡＢの仮登記をする旨の合意は必須です。

記録例

乙区

1	条件的賃借権設定仮登記	令和○年○月○日第○号	原因　令和○年○月○日設定 　　（条件　令和○年○月○日金銭消費貸借の債務不履行） 賃料　1月○万円 支払時期　毎月末日 存続期間　○年 特約　譲渡、転貸ができる 権利者　○市○町○番地 　　　　B
	余　白	余　白	余　白

（記録例584）

【22】　転貸の仮登記をする場合

ケース

　Bは、A所有の建物を目的として賃借権を設定しているところ、BはCと転貸契約を締結した。AB間の賃貸借契約中、譲渡、転貸ができる旨の特約がない場合、転貸につき、Aの承諾がないときのCの転貸の登記の方法はどうなるか。

ポイント

　譲渡、転貸ができる旨の特約は、「第三者の許可、承諾」を証する情報となる。

解　説

1　譲渡、転貸ができる旨の特約と転貸

(1)　ABの賃貸借契約中に、目的物の転貸ができる旨の特約がない場合、その特約の登記（不登81三）ができず、転貸をするには賃貸人Aの承諾（民612①）を要します。

(2)　この承諾がないと、この転貸は有効ではありますが賃貸人に対抗できない（最判昭34・9・17民集13・11・1412）と解されています。

2　賃貸人の承諾と転貸の仮登記

(1)　賃貸人の承諾を前記のように解すると、賃貸人の承諾は転貸人に対する関係で、転貸の要件となると解されます。

(2)　したがって、この承諾を証する情報の提供ができない場合は、転貸の登記の手続上の条件が具備できないときとして、不動産登記法105条1号の仮登記の対象となると解されます。

記載例

●登記申請書

```
　　　　　　　　　登 記 申 請 書

登記の目的　　○番賃借権転貸仮登記
原　　　因　　令和○年○月○日転貸
賃　　　料　　1月○万円
支 払 時 期　　毎月末日
存 続 期 間　　令和○年○月○日から○年
権 利 者　　○市○町○番地
　　　　　　　　　　　C
義 務 者　　○市○町○番地
　　　　　　　　　　　B
添 付 情 報　　登記原因証明情報　代理権限証書
　　　　　　　　　（以下省略）
```

＜記載のポイント＞

1　ＢＣの転貸は、ＡＢの賃貸借を基礎としてはいるものの、別途の賃貸借なので、ＢＣの転貸の内容は申請情報となります。

2　登記免許税は、不動産1個につき1,000円（登税別表1一（十四））。

○添付情報（登記原因証明情報）

登記原因証明情報

1　登記申請情報の要項
(1)　登記の目的　　○番賃借権転貸仮登記
(2)　登記の原因　　令和○年○月○日転貸
(3)　当事者　　　　権利者　○市○町○番地
　　　　　　　　　　　　　　C
　　　　　　　　　義務者　○市○町○番地
　　　　　　　　　　　　　　B
(4)　不動産の表示　　（省略）
2　登記の原因となる事実又は法律行為
(1)　Bは、A所有の建物につき、賃借権を有している（○法務局令
　　和○年○月○日受付第○号登記済）。
(2)　令和○年○月○日、BとCは、(1)の賃借権につき、以下の内容
　　の転貸借契約を締結した。
記
　　　原　　　因　　　令和○年○月○日転貸
　　　賃　　　料　　　1月○万円
　　　支払時期　　　　毎月末日
　　　存続期間　　　　令和○年○月○日から○年
(3)　同日、Aの承諾が得られないので、BCは(2)の転貸の仮登記を
　　することを合意した。

　　以上相違ありません。
　　令和○年○月○日　　○法務局御中

　　　　　　　　　　　　　　　　権利者　○市○町○番地
　　　　　　　　　　　　　　　　　　　　C　　　　印
　　　　　　　　　　　　　　　　義務者　○市○町○番地
　　　　　　　　　　　　　　　　　　　　B　　　　印

記録例

乙区

付記1号	○番賃借権転貸仮登記	令和○年○月○日第○号	原因　令和○年○月○日転貸 賃料　1日○万円 支払時期　毎月末日 存続期間　令和○年○月○日から○年 権利者　○市○町○番地 　　　　C
	余　白	余　白	余　白

（記録例585）

【23】　賃借権の移転の仮登記をする場合

ケース

　Bは、AとA所有の建物につき、賃貸借契約を締結しているところ、この賃借権をCに売買により譲渡した。

　BCの売買につきAの承諾が得られない場合のCの権利を保全するための登記の方法はどうなるか。

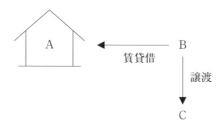

ポイント

　Aの承諾は実体上、賃借権の移転の要件であり登記手続上は、「第三者の許可、同意」である。

解　説

1　賃借権の譲渡の法的効果

（1）　賃貸人Aの承諾があると、賃借人Bの賃貸借上の地位が、同一性を保って、譲受人Cに移転し、Bは賃貸借関係から離脱すると解されています。

（2）　民法は、賃貸人の承諾がなければ賃借権の譲渡はできない（民612①）と規定していますが、Aの承諾がなくても、BCは有効に

　賃借権を譲渡できるものの、この譲渡をAに主張、対抗するため
にはAの承諾を要すると解されています。

2　Aの承諾の登記手続上の意味

(1)　前記のように、BC間で賃借権を譲渡することはできるものの、
　　Aの承諾がないと、Aに賃借権が移転したことを主張できないと
　　解されます。

(2)　このことは、Aの承諾は賃貸借の移転の要件であり、これを欠
　　く場合は、賃借権の移転の登記をすることはできず、仮登記(不登
　　105一)による他はないこととなります。つまり、Aの承諾は、B
　　Cの賃借権移転の登記原因の「第三者の許可、同意」に該当する
　　と解されます。

記載例

●登記申請書

```
                    登 記 申 請 書

  登記の目的　　○番賃借権移転仮登記
  原　　　因　　令和○年○月○日売買
  権　利　者　　○市○町○番地
                        C
  義　務　者　　○市○町○番地
                        B
  添 付 情 報　　登記原因証明情報　代理権限証書
                    (以下省略)
```

＜記載のポイント＞

1　仮登記なのでAの承諾を証する情報は添付されません。本登記の際に

添付すれば足りると解されます。

② 　登録免許税は、不動産1個につき1,000円（登税別表1一（十二）ト）。

○添付情報（登記原因証明情報）

```
登記原因証明情報


1　登記申請情報の要項
(1)　登記の目的　　○番賃借権移転仮登記
(2)　登記の原因　　令和○年○月○日売買
(3)　当事者　　　　権利者　○市○町○番地
　　　　　　　　　　　　　　　　　C
　　　　　　　　　　義務者　○市○町○番地
　　　　　　　　　　　　　　　　　B
(4)　不動産の表示　　（省略）
2　登記の原因となる事実又は法律行為
(1)　Bは、A所有の不動産につき、賃借権を設定している（○法務
　　局令和○年○月○日第○号登記済）。
(2)　令和○年○月○日、BはCに対し、売買により(1)の賃借権を譲
　　渡したが、Aの承諾が得られない。
(3)　同日、BとCは、賃借権移転仮登記をすることを合意した。


　　以上相違ありません。
　　令和○年○月○日　○法務局御中


　　　　　　　　　　　　　　　権利者　○市○町○番地
　　　　　　　　　　　　　　　　　　　C　　　　㊞
　　　　　　　　　　　　　　　義務者　○市○町○番地
　　　　　　　　　　　　　　　　　　　B　　　　㊞
```

※Bが賃借権を設定した際の、Bの登記識別情報の提供がない場合も、移
　転仮登記となります。

記録例

乙区

付記1号	○番賃借権移転仮登記	令和○年○月○日第○号	原因　令和○年○月○日売買 権利者　○市○町○番地 　　　　C
	余　白	余　白	余　白

（記録例586）

第5　先取特権に関する仮登記

【24】　一般の先取特権の保存の仮登記をする場合

ケース

　Bは、Aに雇用され令和○年○月○日から令和○年○月○日までの給料債権を有する。

　前記給料債権が未払の場合、Bの権利を保全するための仮登記の方法はどうなるか。

A ◀── 給料債権 ── B

ポイント

1　給料債権は、一般先取特権で担保される。

2　一般先取特権は法律上成立する権利なので2号仮登記はできない。

解　説

1　給料債権を担保する先取特権

(1)　AとBは雇用関係にあるので、BのAに対する給料債権には、一般の先取特権が成立（民308・306二）します。一般の先取特権は、債務者Aの「総財産」に成立するので、Aの所有する不動産上に成立し、登記をすることができる（不登3五）こととなります。

(2)　一般先取特権は登記できる権利なので、その仮登記（不登105本文）もすることができます。

2　先取特権の発生と仮登記

(1)　一般の先取特権は、法律の規定により、特定の債権が発生すれ
ば、法律上当然に、債務者（物上保証人ではない）の総財産に成
立すると解されます。

(2)　このように一般の先取特権の成立を認めるとＡの登記識別情報
の提供がないときは不動産登記法105条1号の仮登記をすることが
できます。

　　しかし、前記のように先取特権の発生は、法律上当然に発生し、
当事者の設定契約によるものではありません。したがって、「設
定請求権」の発生はないと解されるので、不動産登記法105条2号
による仮登記はすることができません。

記載例

●登記申請書

```
　　　　　　　　　　　登 記 申 請 書

登記の目的　　一般先取特権保存仮登記
原　　　因　　令和○年○月○日から令和○年○月○日までの給料債
　　　　　　　権の先取特権発生
債 権 額　　金○万円
債 務 者　　○市○町○番地
　　　　　　　　　　Ａ
権 利 者　　○市○町○番地
　　　　　　　　　　Ｂ
義 務 者　　○市○町○番地
　　　　　　　　　　Ａ
添 付 情 報　　登記原因証明情報　印鑑証明書　代理権限証書
　　　　　　　　　　（以下省略）
```

＜記載のポイント＞

1　原因について、未払給料の期間が申請内容となります。先取特権は特定の被担保債権が発生すれば、当然、成立するので「設定」ではありません。

2　Aは債務者であるとともに設定者となります。

3　登録免許税は不動産1個につき1,000円（登税別表1－(十二)ト）。

○添付情報（登記原因証明情報）

登記原因証明情報

1　登記申請情報の要項
  (1)　登記の目的　　一般先取特権保存仮登記
  (2)　登記の原因　　令和○年○月○日から令和○年○月○日までの給料債権の先取特権発生
  (3)　当事者　　　　権利者　○市○町○番地
　　　　　　　　　　　　　　　　　B
　　　　　　　　　　義務者　○市○町○番地
　　　　　　　　　　　　　　　　　A
  (4)　不動産の表示　（略）
2　登記の原因となる事実又は法律行為
  (1)　Bは令和○年○月○日からAに雇用され、令和○年○月○日までの給料債権を有する。
  (2)　よって、同日、以下の内容の一般の先取特権が成立した。
　　　　　先取特権者　　○市○町○番地
　　　　　　　　　　　　　　B
　　　　債　権　額　　金○万円
　　　　債　務　者　　○市○町○番地
　　　　　　　　　　　　　　A
  (3)　令和○年○月○日、AとBは、Aの登記識別情報の提供がないので、一般先取特権保存仮登記をすることを合意した。

　以上相違ありません。

　令和○年○月○日　○法務局御中

権利者　○市○町○番地

　　　　B　　　　　㊞

義務者　○市○町○番地

　　　　A　　　　　㊞

記録例

乙区

1	一般先取特権保存仮登記	令和○年○月○日第○号	原因　令和○年○月○日から令和○年○月○日までの給料債権の先取特権発生 債権額　金○万円 債務者　○市○町○番地 　　　　A 権利者　○市○町○番地 　　　　B
	余　白	余　白	余　白

（記録例587）

【25】　不動産保存先取特権保存の仮登記をする場合

ケース

　BがA所有の建物を修繕し、修繕費用が発生した場合の、BのAに対するこの債権を担保する先取特権の登記の方法はどうなるか。

ポイント

1 修繕費は、不動産保存先取特権で担保される保存費用である。

2 不動産保存先取特権は、抵当権に優先するので仮登記する実益がある。

解　説

1　不動産の保存のために要した費用

 (1)　不動産保存の先取特権は、不動産自体の保存費用等に関し、その不動産について発生します（民325・326）。

 (2)　不動産を修繕した場合、その費用は、不動産保存の先取特権により担保されます。

2　登記した先取特権は、先に登記した抵当権に優先

 (1)　不動産保存の先取特権は、保存行為の完了後直ちに登記をすれば、第三者に対抗できる（民337）こととされています。

(2)　したがって、不動産保存先取特権保存の本登記ができない場合、
仮登記をして、順位を保全する実益があると考えられます。

> 記載例

●登記申請書

```
                    登 記 申 請 書

登記の目的　　不動産保存先取特権保存仮登記
原　　　因　　令和○年○月○日修繕費の先取特権発生
債 権 額　　金○万円
債 務 者　　○市○町○番地
                    A
権 利 者　　○市○町○番地
                    B
義 務 者　　○市○町○番地
                    A
添 付 情 報　　登記原因証明情報　印鑑証明書　代理権限証書
              （以下省略）
```

＜記載のポイント＞

1　法律上発生するので、原因は「設定」ではなく「発生」とされます。
2　「債権額」は、修繕費の額です。
3　登録免許税は不動産1個につき1,000円（登税別表1－（十二）ト）。

○添付情報（登記原因証明情報）

```
                  登記原因証明情報

1　登記申請情報の要項
  (1)　登記の目的　　　不動産保存先取特権保存仮登記
  (2)　登記の原因　　　令和○年○月○日修繕費の先取特権発生
```

(3)　当事者　　　　権利者　○市○町○番地
　　　　　　　　　　　　　　B
　　　　　　　　　　義務者　○市○町○番地
　　　　　　　　　　　　　　A
(4)　不動産の表示　（省略）
2　登記の原因となる事実又は法律行為
(1)　令和○年○月○日、BはA所有の建物修繕を行い、修繕費金○
　　万円につき、当該建物上に不動産保存先取特権が発生した。
(2)　令和○年○月○日、AとBは前記(1)につき、不動産保存先取特
　　権保存の仮登記をすることを合意した。

　　以上相違ありません。
　　令和○年○月○日　○法務局御中

　　　　　　　　　　　　　権利者　○市○町○番地
　　　　　　　　　　　　　　　　　B　　　　㊞
　　　　　　　　　　　　　義務者　○市○町○番地
　　　　　　　　　　　　　　　　　A　　　　㊞

　記録例

乙区

1	不動産保存先取特権保存仮登記	令和○年○月○日第○号	原因　令和○年○月○日修繕費の先取特権発生 債権額　金○万円 債務者　○市○町○番地 A 権利者　○市○町○番地 B
	余　白	余　白	余　白

（記録例330参照）

第6　抵当権に関する仮登記

【26】　抵当権の設定の仮登記をする場合

ケース

　Bは、Aと金1,000万円の金銭消費貸借契約を締結し、BはAに金員を引き渡した。

　Bは、当該債権を担保するため、Aと抵当権設定契約を締結した。Aの登記識別情報の提供ができず、抵当権設定の登記ができない場合のBの登記の方法はどうなるか。

$$A \longleftarrow B$$
金銭債権

ポイント

1　抵当権設定契約の締結により実体的に抵当権が成立し、抵当権の効力も生じている。

2　仮登記原因にも、本登記の場合と同様債権行為と物権行為が記録される。

解　説

1　抵当権設定仮登記ができる場合

(1)　担保物権である抵当権も登記できる権利なので、その仮登記（不登105一）をすることができます。

(2)　つまり、実体的に抵当権が成立し、その効力が生じている場合、

設定者の登記識別情報の提供ができない等、抵当権設定登記がで
きないときは、その仮登記をすることができます。

2　抵当権設定仮登記の登記原因
(1)　抵当権設定仮登記の登記事項は、本登記をしたときと同一であ
　　ることが必要なので、本登記の場合の登記事項（不登88・83）と同
　　一です。
(2)　仮登記の原因日付は、当該抵当権によって担保される債権（被
　　担保債権）とその日付及び物権行為である抵当権設定とその日付
　　が記録されます。

記載例

●登記申請書

```
　　　　　　　　　登 記 申 請 書

　登記の目的　　抵当権設定仮登記
　原　　　因　　令和○年○月○日金銭消費貸借同日設定
　債 権 額　　金○万円
　利　　　息　　年○％
　損 害 金　　年○％
　債 務 者　　○市○町○番地
　　　　　　　　　　A
　権 利 者　　○市○町○番地
　　　　　　　　　　B
　義 務 者　　○市○町○番地
　　　　　　　　　　A
　添 付 情 報　　登記原因証明情報　印鑑証明書　代理権限証書
　　　　　　　　　　（以下省略）
```

＜記載のポイント＞

1 抵当権設定仮登記の申請情報は、当該仮登記に基づく抵当権設定登記の登記事項（不登88・83）と同一です。

2 登記原因日付は、被担保債権の発生原因日付と物権行為としての抵当権の設定の日付です。

3 登記免許税は不動産1個につき1,000円（登税別表1―（十二）ト）。

4 複数の物権に「共同」抵当権設定仮登記をすることができます。

○添付情報（登記原因証明情報）

　基本的には、抵当権設定登記の場合と同一の内容が情報となりますが、その他、仮登記をする旨の当事者の合意が内容となります。これを「任意的」な内容とするとの見解が存しますが疑問のあるところです。登記原因証明情報に基づいて登記申請情報が作成されるのであって、登記申請情報により登記原因証明情報を判断することはできないと考えるからです。

記録例

乙区

1	抵当権設定仮登記	令和○年○月○日第○号	原因　令和○年○月○日金銭消費貸借同日設定 債権額　金○万円 利息　年○％ 損害金　年○％ 債務者　○市○町○番地 　　A 権利者　○市○町○番地 　　B
	余　白	余　白	余　白

（記録例588）

【27】　始期付抵当権の設定の仮登記をする場合

ケース

　Bは、Aを債務者とする金銭消費貸借契約を締結し、始期を令和○年○月○日とする抵当権設定契約を締結した。

　始期が到来するまでのBの当該金銭消費貸借契約上の債権を担保する方法はどうなるか。

$$A \longleftarrow \begin{array}{c} \text{金銭債権} \\ \hline \text{始期付抵当権の設定} \end{array} B$$

ポイント

　始期付抵当権は、実体的には抵当権が成立しているが、始期の到来までその効力が生じていない抵当権である。

解　説

1　始期の意義

　始期とは、法律行為の効力、発生、履行についての期限をいい、法律行為の効力に始期が付されている場合、始期の到来により当然、効力が生じます（民135①）。始期は、到来することが確実である点で条件と異なるとされます。

2　始期付抵当権の設定と仮登記の方法

（1）　始期を前記のように解すると始期付抵当権とは、実体的に抵当権は設定されているが、始期の到来まで抵当権の効力が生じてい

ない抵当権と解することとなります。

(2)　このことは、期限が到来するまでは、抵当権設定請求権が存することを意味すると解されます。

　　したがって、Bの権利は、始期付の抵当権設定仮登記（不登105二）をし、保全することができると解されます。

記載例

●登記申請書

```
　　　　　　　　　　登 記 申 請 書

　登記の目的　　　始期付抵当権設定仮登記
　原　　　因　　　令和○年○月○日金銭消費貸借同日設定
　　　　　　　　　（始期　令和○年○月○日）
　債　権　額　　　金○万円
　利　　　息　　　年○％
　損　害　金　　　年○％
　債　務　者　　　○市○町○番地
　　　　　　　　　　　　A
　権　利　者　　　○市○町○番地
　　　　　　　　　　　　B
　義　務　者　　　○市○町○番地
　　　　　　　　　　　　A
　添 付 情 報　　　登記原因証明情報　印鑑証明書　代理権限証書
　　　　　　　　　（以下省略）
```

＜記載のポイント＞

1　BのAに対する被担保債権である金銭消費貸借の成立と始期付抵当権の設定契約が登記原因となります。

　　始期は括弧書で申請するとされています。

2　その他、申請内容は【26】と同じです。

3　登録免許税は、不動産1個につき1,000円（登税別表1一（十二）ト）。

○添付情報（登記原因証明情報）

登記原因証明情報

1 登記申請情報の要項
 (1) 登記の目的　　始期付抵当権設定仮登記
 (2) 登記の原因　　令和○年○月○日金銭消費貸借同日設定
 　　　　　　　　　（始期　令和○年○月○日）
 (3) 当事者　　　　権利者　○市○町○番地
 　　　　　　　　　　　　　　　B
 　　　　　　　　　義務者　○市○町○番地
 　　　　　　　　　　　　　　　A
 (4) 不動産の表示　（省略）
2 登記の原因となる事実又は法律行為
 (1) AとBは、令和○年○月○日、次の内容の金銭消費貸借契約を
 　　締結し、BはAに金員を引き渡した。
 　　　　　債権額　　金○万円
 　　　　　利　息　　年○%
 　　　　　損害金　　年○%
 　　　　　債務者　　○市○町○番地
 　　　　　　　　　　　A
 (2) 令和○年○月○日、AとBは(1)の債権の担保のため始期を令
 　　和○年○月○日とする抵当権設定契約を締結し、同日、始期付抵
 　　当権設定仮登記をすることを合意した。

 　　以上相違ありません。
 　　令和○年○月○日　○法務局　御中

 　　　　　　　　　　　　　　権利者　○市○町○番地
 　　　　　　　　　　　　　　　　　　B　　　㊞
 　　　　　　　　　　　　　　義務者　○市○町○番地
 　　　　　　　　　　　　　　　　　　A　　　㊞

※①本ケースは、消費貸借の要物性を前提としていますが、書面による諾

　成的消費貸借（民587の2）も認められます。この場合には、ＡＢの契約
の事実の記載があれば足りることとなります。

※②その他の事項は【26】と同じです。

記録例

乙区

1	始期付抵当権設定仮登記	令和○年○月○日第○号	原因　令和○年○月○日金銭消費貸借同日設定（始期　令和○年○月○日） 債権額　金○万円 利息　年○％ 損害金　年○％ 債務者　○市○町○番地 　　　　Ａ 権利者　○市○町○番地 　　　　Ｂ
	余　白	余　白	余　白

（記録例589）

【28】 停止条件付抵当権の設定の仮登記をする場合

ケース

Bは、Aと金銭消費貸借契約を締結し、この債権担保のため、A所有の土地につきAの当該金銭消費貸借契約の債務不履行を条件とする条件付抵当権設定契約を締結した。

この場合の仮登記の方法はどうなるか。

ポイント

1 条件付抵当権とは、抵当権は成立しているが条件が成就するまでその効力が生じていない抵当権である。

2 条件的抵当権設定仮登記は、条件付権利の保全をするので2号仮登記による。

解 説

1 (停止)条件付抵当権

(1) 停止条件とは、法律行為の効力を、将来の一定の不確定の事実に係らせる法律行為の付款で、効力を消滅させる解除条件に対します。

(2) そうすると、条件付抵当権とは、抵当権そのものは成立しているものの、条件が成就するまでは、抵当権の効力が生じていない抵当権と解されます。

2　条件付抵当権の仮登記の方法

　これを反面から見れば、条件が成就すると抵当権の効力が発生するので、条件が成就するまでの権利（条件付請求権）を保全するために不動産登記法105条2号の仮登記をすることができます。

記載例

●登記申請書

```
                  登 記 申 請 書

  登 記 の 目 的     条件付抵当権設定仮登記
  原        因     令和○年○月○日金銭消費貸借同日設定
                  （条件　右金銭消費貸借の債務不履行）
  債  権  額       金○万円
  利        息     年○％
  債  務  者       ○市○町○番地
                            A
  権  利  者       ○市○町○番地
                            B
  義  務  者       ○市○町○番地
                            A
  添 付 情 報       登記原因証明情報　印鑑証明書　代理権限証書
                  （以下省略）
```

＜記載のポイント＞

1　登記の目的は「条件付」抵当権設定仮登記とされます。

2　登記原因日付は、被担保債権の成立と、条件付抵当権設定の成立です。

3　損害金の定めがあるときは、登記事項となります（不登88①二）。

4　その他の申請内容、登録免許税は【27】と同じです。

○添付情報（登記原因証明情報）

登記原因証明情報

1　登記申請情報の要項
　(1)　登記の目的　　　条件付抵当権設定仮登記
　(2)　登記の原因　　　令和○年○月○日金銭消費貸借同日設定
　　　　　　　　　　　　（条件　右金銭消費貸借の債務不履行）
　(3)　当事者　　　　　権利者　○市○町○番地
　　　　　　　　　　　　　　　　B
　　　　　　　　　　　　義務者　○市○町○番地
　　　　　　　　　　　　　　　　A
　(4)　不動産の表示　　（省略）
2　登記の原因となる事実又は法律行為
　(1)　令和○年○月○日、ABは、以下の金銭消費貸借契約を締結し、
　　　　Aはこれを受け取った。
　　　　　　　債権額　　金○万円
　　　　　　　利　息　　年○％
　　　　　　　債務者　　○市○町○番地
　　　　　　　　　　　　　　A
　(2)　令和○年○月○日、AとBは(1)の債権につき、債務不履行を条
　　　　件とする抵当権設定契約を締結し、同日、仮登記をすることを合
　　　　意した。

　　　　以上相違ありません。
　　　　令和○年○月○日　　○法務局御中

　　　　　　　　　　　　　　　権利者　○市○町○番地
　　　　　　　　　　　　　　　　　　　B　　　　印
　　　　　　　　　　　　　　　義務者　○市○町○番地
　　　　　　　　　　　　　　　　　　　A　　　　印

※本ケースは、消費貸借が要物契約であることを前提としていますが、【27】

のように諾成的な消費貸借の成立も認められ、この場合は金銭の引渡しの旨の記載は必要ありません。

記録例

乙区

1	条件付抵当権設定仮登記	令和○年○月○日第○号	原因　令和○年○月○日金銭消費貸借同日設定（条件　右金銭消費貸借の債務不履行） 債権額　金○万円 利息　年○％ 債務者　○市○町○番地 A 権利者　○市○町○番地 B
	余　白	余　白	余　白

（記録例590）

【29】　抵当権の設定請求権の仮登記をする場合

ケース

　AとBは、金銭消費貸借契約を締結し、BはAに金1,000万円を貸し渡した。Bが、この債権の担保のため、Aと抵当権設定予約契約を締結した場合の登記の方法はどうなるか。

金銭消費貸借契約
A　◀━━━━━━　B
抵当権設定予約

ポイント

1　金銭消費貸借契約により、被担保債権は成立している。
2　抵当権は設定予約という請求権である。

解　説

1　抵当権設定予約の性質
（1）　抵当権設定予約とは、将来、本契約としての抵当権設定契約を成立させる旨の契約です。
（2）　通常抵当権設定予約によりBは予約完結権を有し、その行使により抵当権の設定を成立させる抵当権設定請求権を有することとなります。
　　抵当権は、担保する債権の成立を前提とするので、抵当権設定請求権の場合にも、担保される被担保債権の成立が前提となります。

2　請求権保全のための仮登記

　前記のように、抵当権の設定予約から、物権的請求権としての抵当権設定請求権が発生し、この請求権を保全するため、仮登記（不登105二）をすることができることとなります。

> 記載例

●登記申請書

```
              登 記 申 請 書

登記の目的    抵当権設定請求権仮登記
原    因    令和○年○月○日金銭消費貸借同日設定予約
債 権 額    金○万円
利    息    年○％
損 害 金    年○％
債 務 者    ○市○町○番地
             A
権 利 者    ○市○町○番地
             B
義 務 者    ○市○町○番地
             A
添 付 情 報    登記原因証明情報　印鑑証明書　代理権限証書
             （以下省略）
```

＜記載のポイント＞

1　原因日付は、被担保債権の成立日と、抵当権設定予約契約を締結した日です。

2　その他、登記事項、登録免許税は、抵当権設定仮登記の登記事項（【26】）と同じです。

○添付情報（登記原因証明情報）

登記原因証明情報

1　登記申請情報の要項
(1)　登記の目的　　抵当権設定請求権仮登記
(2)　登記の原因　　令和○年○月○日金銭消費貸借同日設定予約
(3)　当事者　　　権利者　○市○町○番地
　　　　　　　　　　　　　　　　B
　　　　　　　　義務者　○市○町○番地
　　　　　　　　　　　　　　　　A
(4)　不動産の表示　　（省略）
2　登記の原因となる事実又は法律行為
(1)　令和○年○月○日、AとBは以下の内容の金銭消費貸借契約を
　　締結しBはAに当該契約の金銭を貸し渡した。
　　　　　　債権額　　金○万円
　　　　　　利　息　　年○％
　　　　　　損害金　　年○％
　　　　　　債務者　　○市○町○番地
　　　　　　　　　　　　　A
(2)　令和○年○月○日、AとBは(1)の債権を担保するため抵当権
　　設定予約契約を締結し、同日、抵当権設定請求権仮登記をするこ
　　とを約した。

　　以上相違ありません。
　　令和○年○月○日　○法務局御中

　　　　　　　　　　　　　権利者　○市○町○番地
　　　　　　　　　　　　　　　　B　　　㊞
　　　　　　　　　　　　　義務者　○市○町○番地
　　　　　　　　　　　　　　　　A　　　㊞

※本ケースは、金銭消費貸借につき、要物契約として記載されていますが、
その他、諾成的消費貸借の場合もあるのは【27】と同じです。

記録例

乙区

1	抵当権設定請求権仮登記	令和○年○月○日第○号	原因　令和○年○月○日金銭消費貸借同日設定予約 債権額　金○万円 利息　年○% 損害金　年○% 債務者　○市○町○番地 　　　A 権利者　○市○町○番地 　　　B
	余　白	余　白	余　白

（記録例591）

【30】　抵当権の移転の仮登記をする場合

ケース

　Aは、Cに対し抵当権付債権を有している。Aは、当該債権をBに
譲渡したが、Aの抵当権設定の際に通知された登記識別情報の提供が
ないので抵当権の移転の登記をすることができない。

　この場合のBの権利を保全する仮登記の方法はどうなるか。

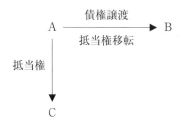

ポイント

　抵当権移転の仮登記原因は、債権行為である**債権譲渡**であり
抵当権の譲渡ではない。

解　説

1　抵当権の随伴性

（1）　抵当権は、被担保債権と附従性を有するので、附従性から派生
　　する随伴性により、被担保債権が譲渡（民466①）されると、抵当権
　　も移転することとなります。AのCに対する債権がBに移転する
　　と抵当権も法律上当然に同一性を保ってBに移転することとなり
　　ます。

(2)　ちなみに、抵当権の処分（民376）の一種である「抵当権の譲渡」
　　とは、抵当権を無担保債権者に譲渡することで、競売代金につい
　　て各抵当権者の本来の優先額と異なる当事者の特約であり、債権
　　譲渡とは全く異なる制度です。

2　1号仮登記による権利の保全

(1)　前記のように被担保債権の譲渡により、抵当権がAからBへ移
　　転します。

　　　したがって、Bが実体的には抵当権者となります。

(2)　よって、Aの抵当権の登記識別情報の提供ができないときは、
　　条件不備として不動産登記法105条1号の抵当権移転仮登記をする
　　こととなります。

記載例

●登記申請書

```
　　　　　　　　　　登 記 申 請 書

登記の目的　　　○番抵当権移転仮登記
原　　　因　　　令和○年○月○日債権譲渡
権　利　者　　　○市○町○番地
　　　　　　　　　　　　B
義　務　者　　　○市○町○番地
　　　　　　　　　　　　A
添 付 情 報　　　登記原因証明情報　代理権限証書
　　　　　　　　　　　　（以下省略）
```

＜記載のポイント＞

1　登記の目的は、抵当権の移転ですが、被担保債権が譲渡されると、抵

当権も法律上当然に移転するので、債権譲渡が登記原因となります。

2　登録免許税は、不動産1個につき1,000円（登税別表1一（十四））。

○添付情報（登記原因証明情報）

登記原因証明情報

1　登記申請情報の要項
　(1)　登記の目的　　○番抵当権移転仮登記
　(2)　登記の原因　　令和○年○月○日債権譲渡
　(3)　当事者　　　　権利者　○市○町○番地
　　　　　　　　　　　　　　　　B
　　　　　　　　　　義務者　○市○町○番地
　　　　　　　　　　　　　　　　A
　(4)　不動産の表示　（省略）
2　登記の原因となる事実又は法律行為
　(1)　令和○年○月○日、AはCに対する本件債権をBに売却し、この旨Cに通知した。
　(2)　よって、本件債権はAからBに移転したので○番抵当権もBに移転した。
　(3)　令和○年○月○日、ABは、Aの抵当権の登記識別情報の提供がなく、抵当権移転の登記ができないので、抵当権移転仮登記をすることに合意した。

　以上相違ありません。
　令和○年○月○日　○法務局御中

　　　　　　　　　　　　　　　権利者　○市○町○番地
　　　　　　　　　　　　　　　　　　　B　　　㊞
　　　　　　　　　　　　　　　義務者　○市○町○番地
　　　　　　　　　　　　　　　　　　　A　　　㊞

※登記原因証明情報中、2(1)のAのCに対する通知は、債権譲渡の成立要

　件ではありませんが、債権譲渡の対抗要件（民467）として、債権の譲受人（抵当権者）がBと確定するための記述です。

記録例

乙区

付記1号	○番抵当権移転仮登記	令和○年○月○日第○号	原因　令和○年○月○日債権譲渡 権利者　○市○町○番地 　　　　B
	余　白	余　白	余　白

（記録例592）

【31】　転抵当請求権の仮登記をする場合

ケース

　Aは、Cに対する抵当権者である。Aの債権者Bは当該債権の担保として、この抵当権に対して抵当権を設定する旨、Aと予約契約を締結した。

　この場合のBの権利を保全する仮登記の方法はどうなるか。

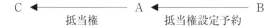

　　　C ◀────抵当権──── A ◀────抵当権設定予約──── B

ポイント

　転抵当は、抵当権に再度抵当権を設定することである。

解　説

1　転抵当の構造

(1)　転抵当とは、抵当権者Aが、当該抵当権をもって、他の債権（ここではBのAに対する債権）の担保とすること（民376①）です。

(2)　その性質について、通説、判例は、抵当権に再度抵当権を設定することと解しています。

2　仮登記による権利の保全

(1)　転抵当の性質を前記のように解すると、抵当権を目的とした物権である抵当権を再度設定するという請求権が、本ケースの設定予約から生じます。

(2)　よって、この請求権を保全するため仮登記（不登105二）をすることとなります。

記載例

●登記申請書

登記申請書

登記の目的　1番抵当権転抵当請求権仮登記
原　　　因　令和○年○月○日金銭消費貸借
　　　　　　令和○年○月○日設定予約
債　権　額　金○万円
利　　　息　年○％
債　務　者　○市○町○番地
　　　　　　　　　A
権　利　者　○市○町○番地
　　　　　　　　　B
義　務　者　○市○町○番地
　　　　　　　　　A
添 付 情 報　登記原因証明情報　代理権限証書
　　　　　　　　（以下省略）

＜記載のポイント＞

■　登記原因は、被担保債権の成立の日と転抵当の予約の日、つまり、抵当権を目的とした抵当権設定予約の日となります。

■　登録免許税は、不動産1個につき1,000円（登税別表1一（十二）ト）。

○添付情報（登記原因証明情報）

登記原因証明情報

1　登記申請情報の要項
　(1)　登記の目的　　1番抵当権転抵当請求権仮登記

(2)　登記の原因　　令和○年○月○日金銭消費貸借

令和○年○月○日設定予約

(3)　当事者　　　　権利者　○市○町○番地

B

義務者　○市○町○番地

A

(4)　不動産の表示　（省略）

2　登記の原因となる事実又は法律行為

(1)　Aは、Cに対する債権の担保のため、本件不動産に抵当権を設定している（令和○年○月○日第○号登記済）。

(2)　令和○年○月○日、Bは、Aに対する債権担保のため、(1)の抵当権に対して、次の内容の転抵当をする旨予約した。

債権額　　金○万円

利　息　　年○％

債務者　　○市○町○番地

A

(3)　令和○年○月○日、AとBは(2)につき仮登記することを合意した。

以上相違ありません。

令和○年○月○日　○法務局御中

権利者　○市○町○番地

B　　　㊞

義務者　○市○町○番地

A　　　㊞

※転抵当権の被担保債権額が原抵当権（AのCに対する債権）の債権額を超過していても差し支えなく、また存続期間の前後も問われません（昭30・10・6民甲2016）。

記録例

乙区

付記 1号	1番抵当権 転抵当請求 権仮登記	令和○年○月○日 第○号	原因　令和○年○月○日金銭消 　　費貸借同日設定予約 債権額　金○万円 利息　年○％ 債務者　○市○町○番地 　　　A 権利者　○市○町○番地 　　　B
	余　白	余　白	余　白

（記録例426参照）

【32】　抵当権の登記の抹消の仮登記をする場合

ケース

　Bは、Aに対する抵当権者であるところ、被担保債権全額の弁済を受けた。

　Aは、抵当権の登記の抹消をしたいが、Bは抵当権設定登記の際の登記識別情報の提供ができない。

　この場合のAの権利を保全する仮登記の方法はどうなるか。

ポイント

　抵当権の登記の抹消の仮登記も認められる。仮登記の抹消ではない。

解　説

(1)　例えば、Bの抵当権の抹消につき、登記上の利害を有する第三者が存する場合、その者の承諾がなければ抹消することはできません（不登68）。

(2)　この場合、後順位の抵当権を設定する場合等Aの必要があれば利害関係人の承諾がなくても抵当権の登記の抹消の仮登記をして、融資等を受けやすくする実益があります。

　　また、抵当権の抹消と当該抵当権の移転の対抗関係についても、

仮登記を認める実益があると解されます（昭37・10・11民甲2810）。

```
┌──────────┐
│ 記載例 │
└──────────┘
```

●登記申請書

```
              登 記 申 請 書

登記の目的　　1番抵当権抹消仮登記
原　　　因　　令和○年○月○日弁済
権 利 者　　○市○町○番地
                    A
義 務 者　　○市○町○番地
                    B
添 付 情 報　　登記原因証明情報　代理権限証書
```

＜記載のポイント＞

1　原因は、本ケースのように「弁済」の他、「合意解除」「放棄」（記録例597）等抵当権が消滅する原因です。

2　抹消の仮登記が抹消の仮処分の場合には、その正本が添付情報となります。

3　登録免許税は不動産1個につき1,000円（登税別表1一（十二）ト）。

○添付情報（登記原因証明情報）

```
              登記原因証明情報

1　登記申請情報の要項
  (1)　登記の目的　　1番抵当権抹消仮登記
  (2)　登記の原因　　令和○年○月○日弁済
  (3)　当事者　　　　権利者　○市○町○番地
                             A
```

義務者　○市○町○番地
B

(4)　不動産の表示　　（省略）

2　登記の原因となる事実又は法律行為

(1)　BはAの土地に抵当権を設定している（令和○年○月○日受付第○号登記済）。

(2)　令和○年○月○日、Bは、被担保債権の全額の弁済を受けた。

(3)　令和○年○月○日、AとBは、Bの抵当権設定の際の登記識別情報の提供ができないので抵当権抹消の仮登記をすることを合意した。

以上相違ありません。

令和○年○月○日　○法務局御中

権利者　○市○町○番地
A　　　　㊞
義務者　○市○町○番地
B　　　　㊞
※Aは、甲区所有権登記名義人

記録例

乙区

1	抵当権設定	（省略）	（一部省略） 抵当権者　○市○町○番地 B
2	1番抵当権抹消仮登記	令和○年○月○日第○号	原因　令和○年○月○日弁済
	余　白	余　白	余　白

（記録例597は原因を放棄とする）

【33】　仮登記した所有権を目的とする抵当権の設定請求権の仮登記をする場合

ケース

　Bは、Aの土地の所有権を売買によって取得し、所有権移転の仮登記をした。

　Bが、この土地につきCと抵当権設定の予約契約を締結した場合のCの権利の仮登記の方法はどうなるか。

ポイント

　仮登記された所有権も所有権として、抵当権の目的となる。

解　説

1　仮登記した所有権の性質

(1)　仮登記した所有権の登記名義人は、実体法上の所有者と解されます。不動産登記法105条1号の仮登記は、実体的に物権変動が生じている場合に、登記の条件が具備していない場合になされる登記とされるからです。

(2)　したがって、仮登記した所有権も抵当権の目的となる（民369①）と解されます。

2　Cの登記の形式

(1)　前記のようにして、仮登記されたBの所有権が抵当権の目的となるとしても、Bの登記が仮登記であって完全な登記とはなっていないので、抵当権に関する登記も仮登記になると解されます。

(2)　Cは、Bと抵当権設定予約契約を締結しているので、Cは、抵当権設定請求権仮登記により、自己の権利を保全することができます。

記載例

●登記申請書

```
　　　　　　　　　　登 記 申 請 書


登 記 の 目 的　　甲区2番仮登記所有権の抵当権設定請求権仮登記
原　　　　　因　　令和○年○月○日金銭消費貸借同日設定予約
債　権　　額　　金○万円
利　　　　息　　年○%
損　害　　金　　年○%
債　務　　者　　○市○町○番地
　　　　　　　　　　　　B
権　利　　者　　○市○町○番地
　　　　　　　　　　　　C
義　務　　者　　○市○町○番地
　　　　　　　　　　　　B
添 付 情 報　　登記原因証明情報　印鑑証明書　代理権限証書
　　　　　　　　　　　（以下省略）
```

＜記載のポイント＞

1　甲区の登記の状態は、1番でAの所有権の登記名義があり、2番でB名義の所有権移転仮登記となっています。

2　登記の目的中、「仮登記所有権」とは、仮登記されているBの所有権の
　意味です。

3　その他、登記事項等は【29】と同一です。

4　登録免許税は不動産1個につき1,000円（登税別表1一（十二）ト）。

○添付情報（登記原因証明情報）

登記原因証明情報

1　登記申請情報の要項
　(1)　登記の目的　　　甲区2番仮登記所有権の抵当権設定請求権仮登
　　　　　　　　　　　記
　(2)　登記の原因　　　令和○年○月○日金銭消費貸借同日設定予約
　(3)　当事者　　　　　権利者　○市○町○番地
　　　　　　　　　　　　　　　　　　C
　　　　　　　　　　　義務者　○市○町○番地
　　　　　　　　　　　　　　　　　　B
　(4)　不動産の表示　　（省略）
2　登記の原因となる事実又は法律行為
　(1)　Bは、A所有の本件土地の所有権を売買によって取得し、所有
　　　権移転仮登記を経由している（令和○年○月○日受付第○号登記
　　　済）。
　(2)　令和○年○月○日、CはBと次の内容の金銭消費貸借契約を締
　　　結し、同日、これを被担保債権とする抵当権設定予約を締結した。
　　　　　　債権額　　金○万円
　　　　　　利　息　　年○％
　　　　　　損害金　　年○％
　　　　　　債務者　　○市○町○番地
　　　　　　　　　　　　　B
　(3)　同日、B、Cは、前記内容の抵当権設定予約による仮登記をす
　　　ることを合意した。

以上相違ありません。

令和○年○月○日　○法務局御中

権利者　　○市○町○番地

C　　　　㊞

義務者　　○市○町○番地

B　　　　㊞

※①登記の目的を単に「抵当権設定請求権仮登記」とすると、Aに対する仮登記となってしまうので、Bの仮登記所有権に対する仮登記の旨を明示する必要があります。

※②本ケースの被担保債権は、諾成的に成立している例です。

※③ちなみに、2号仮登記による所有権移転請求権仮登記に対する抵当権の設定はできないと解されます。所有権移転請求権は、債権として、抵当権の目的とならないと解されるからです。

　一方、停止条件付仮登記に対しては、民法129条から、仮登記抵当権の登記はできると解されます（根抵当権設定の場合につき昭39・2・27民甲204）。

記録例

乙区

1	甲区2番仮登記所有権の抵当権設定請求権仮登記	令和○年○月○日第○号	原因　令和○年○月○日金銭消費貸借同日設定予約 債権額　金○万円 利息　年○% 損害金　年○% 債務者　○市○町○番地 　B 権利者　○市○町○番地 　C
	余　白	余　白	余　白

（記録例599参照）

・甲区の登記の状態

1	所有権移転	（事項省略）	（事項省略） 所有者　A
2	所有権移転 仮登記	令和○年○月○日 第○号	原因　令和○年○月○日売買 権利者　○市○町○番地 　　　　B
	余　白	余　白	余　白

【34】　仮登記した抵当権の移転の仮登記をする場合

ケース

　AはCに対し債権を有し、これを被担保債権として抵当権設定仮登記を経由している。

　AがBに対し被担保債権を譲渡した場合のBの登記の方法はどうなるか。

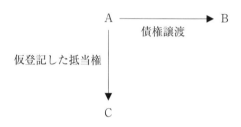

ポイント

　移転する抵当権が仮登記なので、Bの登記も仮登記による。

解　説

1　仮登記した抵当権の性質

　仮登記した抵当権は、登記手続上の条件が不備であるとして仮登記をしている（不登105一）のであって、実体的には、抵当権が成立していると解されます。

2　仮登記した抵当権の移転の形式

（1）　そうすると、仮登記した抵当権の移転の登記は、「所有権以外の

権利の移転」の登記として付記登記（不登規3五）によると解されます。

(2)　また、移転する権利が仮登記された権利なので、移転登記を受けるBも仮登記しかすることができないと解されます。このようにして、後日なされるであろう本登記は抵当権の移転の過程が記録されると解されます。

記載例

●登記申請書

```
　　　　　　　　　　登 記 申 請 書

登記の目的　　　1番抵当権移転仮登記
原　　　因　　　令和○年○月○日債権譲渡
権 利 者　　　○市○町○番地
　　　　　　　　　　　　B
義 務 者　　　○市○町○番地
　　　　　　　　　　　　A
添 付 情 報　　　登記原因証明情報　代理権限証書
　　　　　　　　　　　（以下省略）
```

＜記載のポイント＞

1　登記の目的は「○番抵当権移転仮登記」とされています。実体的な「抵当権」が移転するのであり、仮登記された権利が移転するので「仮登記」とされると解されます。

　しかし、抵当権の移転の仮登記の場合（【30】）の記録例と区別する観点から、仮登記した所有権の移転の仮登記の場合（記録例575）と同様、登記の目的を「○番仮登記抵当権の移転仮登記」とする見解もあります。

2　抵当権の債権との随伴性から被担保債権の譲渡により抵当権も移転するので、登記の原因は「債権譲渡」となります。

3　登録免許税は、不動産1個につき1,000円（登税別表1一(十二)ト）。

○添付情報（登記原因証明情報）

登記原因証明情報

1　登記申請情報の要項
　(1)　登記の目的　　1番抵当権移転仮登記
　(2)　登記の原因　　令和○年○月○日債権譲渡
　(3)　当事者　　　　権利者　○市○町○番地
　　　　　　　　　　　　　　　B
　　　　　　　　　　義務者　○市○町○番地
　　　　　　　　　　　　　　　A
　(4)　不動産の表示　（省略）
2　登記の原因となる事実又は法律行為
　(1)　AはCに対し、抵当権付債権を有し、仮登記を経由している（令和○年○月○日受付第○号登記済）。
　(2)　令和○年○月○日、AはCに対する債権をBに譲渡したので、(1)の仮登記した抵当権はBに移転した。
　(3)　同日、ABは(2)につき、仮登記することを合意した。

　　以上相違ありません。
　　令和○年○月○日　○法務局御中

　　　　　　　　　　　　　権利者　○市○町○番地
　　　　　　　　　　　　　　　　　B　　　㊞
　　　　　　　　　　　　　義務者　○市○町○番地
　　　　　　　　　　　　　　　　　A　　　㊞

記録例

乙区

1	抵当権設定仮登記	（省略）	（一部省略） 権利者　○市○町○番地 　　　　A
	余　白	余　白	余　白
付記1号	1番抵当権移転仮登記	令和○年○月○日第○号	原因　令和○年○月○日債権譲渡 権利者　○市○町○番地 　　　　B
	余　白	余　白	余　白

（記録例600）

※1番の主登記を本登記にした後、1番付記1号を本登記すると、抵当権の移転の過程が正確に公示されます。

【35】　仮登記した抵当権の設定請求権の移転の登記をする場合

ケース

Aは、CとCの不動産につき、抵当権設定予約契約を締結し、その旨の仮登記を経由した（令和○年○月○日受付第○号登記済）。

AがBに対し、当該予約完結権を譲渡した場合のBの登記の方法はどうなるか。

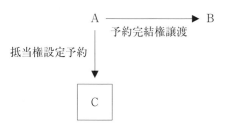

ポイント

譲渡された権利は、請求権である。

解　説

1　請求権の発生

ACの抵当権設定予約の締結により、Aは予約完結権として、将来、抵当権を設定するよう要求する権利、つまり、抵当権設定請求権を有し、この権利の仮登記（不登105二）を有します。この仮登記によって

保全されるのは、「設定請求権」であって、抵当権自体ではありません。

2　登記の形式

(1)　この設定請求権がAからBに譲渡されているので、「所有権以外の権利の移転の登記」として付記登記（不登規35）により公示されることとなります。

(2)　AからBにこの権利が確定的に譲渡され、権利が移転したと解して、付記の本登記により記録されます。

記載例

●登記申請書

```
                    登 記 申 請 書


    登記の目的　　　1番抵当権設定請求権移転
    原　　　因　　　令和○年○月○日債権譲渡
    権　利　者　　　○市○町○番地
                        B
    義　務　者　　　○市○町○番地
                        A
    添 付 情 報　　　登記原因証明情報　登記識別情報　代理権限証書
                    （以下省略）
```

＜記載のポイント＞

1　登記原因日付は、A名義の2号仮登記された抵当権が担保する債権の譲渡された日です。

2　登録免許税は、不動産1個につき1,000円（登税別表1一（十四））。

○添付情報（登記原因証明情報）

登記原因証明情報

1　登記申請情報の要項
 (1)　登記の目的　　1番抵当権設定請求権移転
 (2)　登記の原因　　令和○年○月○日債権譲渡
 (3)　当事者　　　　権利者　○市○町○番地
　　　　　　　　　　　　　　　　B
　　　　　　　　　　義務者　○市○町○番地
　　　　　　　　　　　　　　　　A
 (4)　不動産の表示　　（省略）
2　登記の原因となる事実又は法律行為
 (1)　Aは、CとCの不動産につき、抵当権設定予約契約を締結し、抵当権設定請求権仮登記を経由した（令和○年○月○日受付第○号登記済）。
 (2)　令和○年○月○日、AはBに(1)の予約完結権を譲渡した。
 (3)　よって、同日、予約完結権はAからBに移転した。

　　　以上相違ありません。
　　　令和○年○月○日　○法務局御中

　　　　　　　　　　　　　　　権利者　○市○町○番地
　　　　　　　　　　　　　　　　　　　B　　　㊞
　　　　　　　　　　　　　　　義務者　○市○町○番地
　　　　　　　　　　　　　　　　　　　A　　　㊞

記録例

乙区

1	抵当権設定請求権仮登記	（事項省略）	（一部事項省略） 権利者　A

付記 1号	余　白	余　白	余　白
	1番抵当権設定請求権移転	令和○年○月○日第○号	原因　令和○年○月○日債権譲渡 権利者　○市○町○番地 　B

（記録例601）

※Bの本登記は、1番の主登記の余白になされますが、抵当権の移転の過程に反するものではありません。

【36】　仮登記した抵当権の設定請求権の移転請求権の仮登記をする場合

ケース

　Aは、Cに対し、抵当権設定予約による抵当権設定請求権を有しその仮登記を経由している。

　AがBに対し当該債権の譲渡の予約をした場合のBの登記の方法はどうなるか。

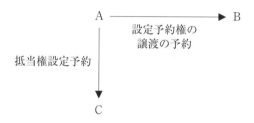

ポイント

　Bの保全される権利は、抵当権設定請求権自体ではなく、その請求権の移転請求権である。

解　説

1　Aの有している権利とその登記形式

（1）　Aは、Cに対し、抵当権設定予約から生じる抵当権設定請求権を有しています。

（2）　この請求権は、仮登記（不登105二）によって保全することができます。

2　Bの有している権利とその登記形式

(1)　Bは、抵当権設定請求権自体を有するのではなく、その請求権
を譲り受けるであろう権利を有します。

(2)　よって、請求権の譲渡の予約は、Aの抵当権設定請求権仮登記
に対する付記の仮登記による（所有権移転請求権の売買予約の場合に
つき昭36・12・27民甲1600）（【13】）と解されています。

記載例

●登記申請書

```
　　　　　　　　　　登 記 申 請 書

登記の目的　　　1番抵当権設定請求権の移転請求権仮登記
原　　　因　　　令和○年○月○日債権譲渡予約
権 利 者　　　○市○町○番地
　　　　　　　　　　　　　B
義 務 者　　　○市○町○番地
　　　　　　　　　　　　　A
添 付 情 報　　　登記原因証明情報　代理権限証書
　　　　　　　　　　（以下省略）
```

＜記載のポイント＞

1　登記原因日付は、ＡＢ間でＣに対する債権の譲渡を予約した日です。

2　登録免許税は、不動産1個につき1,000円（登税別表1一（十四））。

○添付情報（登記原因証明情報）

```
　　　　　　　　登記原因証明情報

1　登記申請情報の要項
　(1)　登記の目的　　　1番抵当権設定請求権の移転請求権仮登記
```

　(2)　登記の原因　　令和○年○月○日債権譲渡予約
　(3)　当事者　　　　権利者　　○市○町○番地
　　　　　　　　　　　　　　　　　B
　　　　　　　　　　義務者　　○市○町○番地
　　　　　　　　　　　　　　　　　A
　(4)　不動産の表示　　（省略）
2　登記の原因となる事実又は法律行為
　(1)　AはCに対し、抵当権設定請求権を有し、仮登記をしている（令和○年○月○日受付第○号登記済）。
　(2)　令和○年○月○日、AはBに対し、(1)の請求権を譲渡することを予約した。
　(3)　同日、ABは(2)につき仮登記することに合意した。

　　　以上相違ありません。
　　　令和○年○月○日　　○法務局御中

　　　　　　　　　　　　　　権利者　　○市○町○番地
　　　　　　　　　　　　　　　　　B　　　　㊞
　　　　　　　　　　　　　　義務者　　○市○町○番地
　　　　　　　　　　　　　　　　　A　　　　㊞

記録例

乙区

1	抵当権設定請求権仮登記	（事項省略）	（一部事項省略） 権利者　○市○町○番地 A
	余　白	余　白	余　白

付記1号	1番抵当権設定請求権の移転請求権仮登記	令和○年○月○日第○号	原因　令和○年○月○日債権譲渡予約 権利者　○市○町○番地 　　　　B
	余　白	余　白	余　白

（記録例602）

※Bの仮登記を本登記とする場合は【14】参照。

第7　根抵当権に関する仮登記

【37】　根抵当権の設定の仮登記（共同申請）をする場合

ケース

　Aは、B所有の数個の土地につき、根抵当権設定契約を締結したが、Bの登記識別情報の提供ができない場合のAの根抵当権設定仮登記の方法はどうなるか。

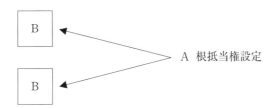

ポイント

1	共同根抵当権設定仮登記はできない。
2	数個の不動産に対する仮登記の一括申請はできない。

解　説

1　共同根抵当権と累積根抵当権

（1）　根抵当権設定登記と同時に共同根抵当である旨の登記（不登規166）をしないと共同抵当権の規定（民398の16・392・393）の適用はありません。

（2）　一方、共同根抵当の成立の場合を除き、数個の不動産上に根抵

当権を有する者は、被担保債権の範囲、債務者が同じでも、各不動産の代価について優先弁済を受けることができます（民398の18）。これを累積根抵当（民398の18）といい、各々の不動産上の根抵当権は、相互に独立した別個の存在とされています。

2　共同根抵当権設定の仮登記

(1)　共同根抵当権設定仮登記（不登105一）は受理されないとするのが先例（昭47・11・25民甲4945）です。

前記のように、共同根抵当権の成立は、民法上要求されるその旨の登記（共同担保の旨の登記）を要件とするのであって登記法上認められる仮登記では、共同根抵当権は成立せず、不動産登記法105条1号の仮登記の場合の物権変動が既に生じている場合とは解されません。

(2)　同様に、共同根抵当権設定請求権仮登記（不登105二）も認められないと解されています。

共同担保である旨の登記は、それをすることにより根抵当権の優先弁済権、つまり根抵当権の内容が変更する登記であり、当事者に請求権があるとするのは、1号によって設定仮登記が認められないのに2号によって「変更」請求権を認めることとなり妥当とは考えられません。

(3)　よって、数個の不動産に設定する根抵当権の仮登記は、累積式な根抵当権に限り認められ、共同根抵当権の仮登記は認められないと解されます。

3　仮登記の一括申請

(1)　数個の不動産上にする根抵当権設定の仮登記の申請は、同一の申請書ですることができない（昭48・12・17民三9170）と解されます。

　　その結果、各不動産ごとに申請することを要することとなります。

(2)　共同根抵当権の仮登記が認められず、累積的な根抵当権と解すれば、前記のように、設定行為という法律行為も各々、別個独立した根抵当権であって、各不動産についての仮登記の申請は、1件の同一の申請書によることはできず、各不動産ごとの申請によることとなります。

記載例

●登記申請書

登 記 申 請 書

登記の目的	根抵当権設定仮登記
原　　　因	令和○年○月○日設定
極　度　額	金○万円
債権の範囲	銀行取引
	手形債権　小切手債権
債　務　者	○市○町○番地
	B
権　利　者	○市○町○番地
	A
義　務　者	○市○町○番地
	B
添 付 情 報	登記識別情報　印鑑証明書　代理権限証書
	（以下省略）

＜記載のポイント＞

1　根抵当権設定仮登記に「共同」は認められないので、登記の目的は「共

同根抵当権設定仮登記」ではありません。

2　原因は、債権との付従性がないので物権としての根抵当権が設定された日であり、普通抵当権のような債権行為は原因中には表示されません。

3　設定者と債務者が同一であっても、債務者が申請情報の内容となります（不登83①二）。

4　「確定期日」も定めがあるときは、申請情報の内容となります（不登88②三）がその例は多くはありません。

5　登記する不動産は、1申請1不動産に限られます。

6　登録免許税は、不動産1個につき1,000円（登税別表1一(十二)ト）。

○添付情報（登記原因証明情報）

```
　　　　　　　　　　　　登記原因証明情報


1　登記申請情報の要項
　(1)　登記の目的　　　根抵当権設定仮登記
　(2)　登記の原因　　　令和○年○月○日設定
　(3)　当事者　　　　　権利者　○市○町○番地
　　　　　　　　　　　　　　　　A
　　　　　　　　　　　　義務者　○市○町○番地
　　　　　　　　　　　　　　　　B
　(4)　不動産の表示　　（省略）
2　登記の原因となる事実又は法律行為
　(1)　令和○年○月○日、AとBは、Bの土地につき、次の内容の根
　　　　抵当権設定契約を締結した。
　　　　　　極度額　　金○万円
　　　　　　債権の範囲　　銀行取引
　　　　　　　　　　　　手形債権　小切手債権
　　　　　　債務者　　○市○町○番地
　　　　　　　　　　　　B
　(2)　同日、AとBは、Bの登記識別情報の提供ができないので、根
　　　　抵当権設定仮登記をすることに合意した。
```

以上相違ありません。

令和〇年〇月〇日　〇法務局御中

権利者　〇市〇町〇番地
A　　　　㊞
義務者　〇市〇町〇番地
B　　　　㊞

※確定期日の定めがある場合があります。

記録例

乙区

1	根抵当権設定仮登記	令和〇年〇月〇日第〇号	原因　令和〇年〇月〇日設定 極度額　金〇万円 債権の範囲　銀行取引 　手形債権　小切手債権 債務者　〇市〇町〇番地 　B 権利者　〇市〇町〇番地 　A
	余　白	余　白	余　白

（記録例473・588参照）

【38】　根抵当権の設定の仮登記（仮登記義務者の承諾書添付）をする場合

ケース

　Aは、BとB所有の不動産につき根抵当権設定契約を締結した。

　Bの登記識別情報の提供がなく、仮登記することのBの承諾書がある場合の、Aの根抵当権設定仮登記の申請方法はどうなるか。

ポイント

　登記義務者の承諾があるときは、仮登記権利者の単独申請ができる。

解　説

1　仮登記の単独申請が認められる趣旨

（1）　仮登記義務者Bの「承諾」があるときは、共同申請（不登60）の例外として、仮登記権利者Aの単独による根抵当権設定仮登記の申請が認められています（不登107①）。

（2）　その趣旨は、仮登記は対抗力のない予備的な登記なので申請手続を簡略したものと解されています。

2　仮登記の承諾を証する情報

（1）　根抵当権設定仮登記の承諾者は設定者であるBです。

（2）　この承諾を証する情報には、BがAのために、Bの所有する不

動産上に仮登記をすることの承諾を明示し、Bが記名、押印し、その印の印鑑証明書が添付（不登令19）されて、真正が担保されます。

(3)　もっとも、この印鑑証明書には、3か月以内とする有効期限の制限はありません。この点が単独申請が多用される原因と考えられます。

> 記載例

●登記申請書

＜記載のポイント＞

※基本的には、共同申請の場合（【37】）と同じですが「承諾書」が添付情報となります。

○添付情報（承諾書）

承諾書
後記土地につき、仮登記権利者である○市○町○番地Aが次の内容の根抵当権設定の仮登記を申請することを承諾する。 　令和○年○月○日 　　　○市○町○番地　　B　（実印） 　　仮登記する根抵当権 　　　　極度額　　金○万円 　　　　債権の範囲　　銀行取引 　　　　　　　　　　　手形債権　小切手債権 　　　　債務者　　○市○町○番地 　　　　　　　　　　B 不動産の表示　　（省略）

○添付情報（登記原因証明情報）

※共同申請の場合（【37】）と同じです。

記録例

※共同申請の場合（【37】）と同じです。

【39】 根抵当権の設定請求権の仮登記をする場合

ケース

AはBと、B所有の不動産につき根抵当権設定予約契約を締結した。この場合のAの権利を仮登記する方法はどうなるか。

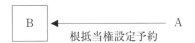

ポイント

根抵当権設定予約により、根抵当権設定請求権を保全するための仮登記をすることができる。

解 説

1 根抵当権設定予約

将来、本契約としての根抵当権設定契約を成立させる契約を根抵当権設定予約といいます。

2 2号仮登記による順位保全

前記の根抵当権設定予約が成立すると、Aは、予約完結権として、根抵当権設定請求権が発生します。

よって、この請求権を保全するため仮登記（不登105二）をすることができます。

記載例

●登記申請書

＜記載のポイント＞

1　申請情報の内容は基本的に【37】と同じです。

2　「登記の目的」は、「根抵当権設定請求権仮登記」となりますが、「共同」根抵当権設定仮登記は認められず、数個の不動産に対する一括申請もできないのは【37】のとおりです。

3　登記原因日付は、予約契約が成立した日です。予約完結権の行使により、根抵当権が成立するので、根抵当権設定予約の日と、根抵当権設定の日が異なるのが通常です。

○添付情報（登記原因証明情報）

※基本的に【37】の例に準じます。仮登記仮処分による場合は、その命令正本が登記原因証明情報として提供されます。

記録例

※基本的に【37】の例に準じます。

【40】　極度額の変更の仮登記をする場合

ケース

　Aは、B所有の土地に第1順位の根抵当権を設定し登記している。

　Aは、当該根抵当権の極度額を後順位担保権者Cの承諾を得て増額したが、Cの承諾を証する情報の提供ができない。

　この場合の、極度額を増額する根抵当権の変更を仮登記する方法はどうなるか。

ポイント

　Cの承諾は、極度額の増額につき、実体的な効力要件である。

解　説

1　極度額増額の場合の利害関係人の承諾

(1)　極度額の変更は、利害関係人の承諾を得なければならない（民398の5）とされ、利害関係人の承諾が効力要件とされています。

(2)　Cは、Aの極度額の変更登記（増額）につき、登記上の利害関係人に該当する者と解されるので、その承諾を要する（不登66）こととなります。

　そこで、Cのこの承諾はあるものの、それを証する情報としての承諾書の提供がない場合は、仮登記（不登105一）によって極度額の変更を公示することとなります。

2　変更の登記の権利者、義務者

　増額の変更登記では、利益を受けるＡが登記権利者（不登21二）で
あり、減額の変更登記では、設定者であるＢが登記権利者となります。

記載例

●登記申請書

登　記　申　請　書

登 記 の 目 的　　1番根抵当権変更仮登記
原　　　　因　　令和○年○月○日変更
変更後の事項　　極度額　金○万円
権　利　者　　○市○町○番地
　　　　　　　　　　　　Ａ
義　務　者　　○市○町○番地
　　　　　　　　　　　　Ｂ
添 付 情 報　　登記原因証明情報　印鑑証明書　代理権限証書
　　　　　　　　　　　（以下省略）

＜記載のポイント＞

1　登記原因日付は、変更契約が成立した日ですがＣの承諾が変更契約の
後になされたときはその日となります。

2　設定者Ｂが登記義務者となる例が多いと思われますが、その場合はＢ
の印鑑証明書が必要です。

3　登録免許税は、付記による仮登記の場合は不動産1個につき1,000円（登
税別表1－（十二）ト）。

○添付情報（登記原因証明情報）

登記原因証明情報

1　登記申請情報の要項
　(1)　登記の目的　　1番根抵当権変更仮登記
　(2)　登記の原因　　令和○年○月○日変更
　(3)　変更後の事項　極度額　金○万円
　(4)　当事者　　　　権利者　○市○町○番地
　　　　　　　　　　　　　　　　　A
　　　　　　　　　　義務者　○市○町○番地
　　　　　　　　　　　　　　　　　B
　(5)　不動産の表示　　（省略）
2　登記の原因となる事実又は法律行為
　(1)　令和○年○月○日、AとBは本件土地につき極度額を金○万円
　　　とする根抵当権を設定し、その登記をした（令和○年○月○日第
　　　○号登記済）。
　(2)　令和○年○月○日、ABは後順位担保権者Cの承諾を得て、極
　　　度額を金○万円と変更したが、Cの承諾を証する情報の提供がで
　　　きない。
　(3)　よって、同日、AとBは(2)の内容の仮登記をすることを合意し
　　　た。

　　以上相違ありません。
　　令和○年○月○日　　○法務局御中

　　　　　　　　　　　　　権利者　○市○町○番地
　　　　　　　　　　　　　　　　　A　　　　㊞
　　　　　　　　　　　　　義務者　○市○町○番地
　　　　　　　　　　　　　　　　　B　　　　㊞

記録例

乙区

1	根抵当権設定	（省略）	（事項一部省略） 極度額　金○万円 根抵当権者　○市○町○番地 　　A
付記1号	1番根抵当権変更仮登記	令和○年○月○日第○号	原因　令和○年○月○日変更 極度額　金○万円
	余　白	余　白	余　白
2	根抵当権設定	（省略）	（事項一部省略） 根抵当権者　○市○町○番地 　　C

（記録例488参照）

※Cの承諾がないときは、極度額の変更は、付記登記ではなく主登記によることとなります。

【41】　根抵当権の譲渡の仮登記をする場合

ケース

　Aは、C所有の土地に根抵当権を設定している。

　Aは、当該根抵当権をBに譲渡した。

　譲渡について、Cの承諾はあるが、承諾を証する情報の提供ができない場合のBの権利保全のため仮登記の方法はどうなるか。

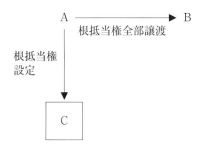

ポイント

　Cの承諾は、根抵当権の譲渡の効力要件である。

解　説

1　根抵当権の譲渡と設定者の承諾

（1）　元本の確定前の根抵当権は、債権との付従性、したがって随伴性が否定されています。

　　　その結果、債権と切り離された物権としての根抵当権の譲渡（民398の12①）は、AとBとの契約ですることができます。なお、法文の「譲り渡す」とは、全部譲渡の意味と解されています。

(2)　もっとも、AからBへの根抵当権の譲渡につき、設定者Cの承
諾が必要とされ、この承諾は根抵当権の譲渡の効力要件と解され
ています。誰が根抵当権者であるかはCの利害に係るからです。

2　仮登記によるBの権利の保全

(1)　ABの根抵当権譲渡行為には、Cの承諾が存するので、実体的
には、根抵当権はAからBに移転していると解されます。
(2)　しかし、その承諾を証する情報（承諾書）の提供がないので、
根抵当権移転の登記はすることができません。実体的に物権変動
は生じているものの、登記手続上の条件が具備していないとして
仮登記（不登105一）をすることとなります。

記載例

●登記申請書

```
　　　　　　　　　登 記 申 請 書

登記の目的　　　1番根抵当権移転仮登記
原　　　因　　　令和○年○月○日譲渡
権 利 者　　　○市○町○番地
　　　　　　　　　　B
義 務 者　　　○市○町○番地
　　　　　　　　　　A
添 付 情 報　　　登記原因証明情報　代理権限証書
　　　　　　　　　　（以下省略）
```

＜記載のポイント＞

1　Cの承諾書は、添付情報ではありません。結局、登記原因証明情報の
みが添付情報となります。

2　登録免許税は、不動産1個につき1,000円（登税別表1一(十二)ト）。

○添付情報（登記原因証明情報）

登記原因証明情報

1　登記申請情報の要項
(1)　登記の目的　　1番根抵当権移転仮登記
(2)　登記の原因　　令和○年○月○日譲渡
(3)　当事者　　　　権利者　○市○町○番地
　　　　　　　　　　　　　　　B
　　　　　　　　　　義務者　○市○町○番地
　　　　　　　　　　　　　　　A
(4)　不動産の表示　　（省略）
2　登記の原因となる事実又は法律行為
(1)　AはCの土地上に確定前の根抵当権を有している（令和○年○
　月○日第○号登記済）。
(2)　令和○年○月○日、AはCの承諾を得て当該根抵当権をBに譲
　渡した。
(3)　同日、Cの(2)の承諾を証する情報の提供ができないので、AB
　は根抵当権移転仮登記をすることを合意した。

　以上相違ありません。
　令和○年○月○日　○法務局御中

　　　　　　　　　　権利者　○市○町○番地
　　　　　　　　　　　　　　　B　　　　㊞
　　　　　　　　　　義務者　○市○町○番地
　　　　　　　　　　　　　　　A　　　　㊞

※①登記原因は「譲渡」であり、債権譲渡ではありません。付従性を否定
　されている根抵当権では、物権としての根抵当権が譲渡されるからで
　す。
※②もし、Cの承諾がABの譲渡行為の後になされた場合には、Cの承諾
　の日が原因日付となります。Cの承諾は、ABの譲渡行為の効力要件
　だからです。

記録例

乙区

1	根抵当権設定	（省略）	（事項一部省略） 根抵当権者　A
付記 1号	1番根抵当権移転仮登記	令和○年○月○日 第○号	原因　令和○年○月○日譲渡 権利者　○市○町○番地 　　　　B
	余　白	余　白	余　白

（記録例498・592参照）

第8 買戻特約の仮登記

【42】 買戻しの特約付売買の仮登記をする場合

ケース

　ＡＢは、Ａ所有の土地につき、買戻特約付売買契約を締結した。Ｂ名義の所有権移転仮登記をする場合のＡ名義の買戻特約仮登記をする方法はどうなるか。

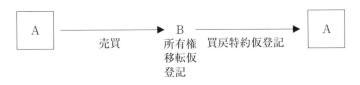

ポイント

　買戻特約仮登記の申請は、所有権移転仮登記の申請と同時にする必要はない。

解　説

1　買戻特約の登記の方法
（1）　買戻特約により、買主Ｂが支払った代金等を返還して、売主Ａは、売買契約を解除することができます（民579）。
（2）　この権利は、1個の権利なので、売買による所有権の移転の登記とは別の申請により、所有権移転の登記に付記してなされます（昭35・3・31民甲712）。

　　　所有権移転登記が仮登記であれば、この特約の登記も仮登記によると解されます。

　　　つまり、買戻しの特約の登記は、所有権の移転の登記が不動産

　　登記法105条1号の場合には当該仮登記に付記する仮登記によることととなります。

2　買戻特約仮登記の申請の時期

(1)　買戻特約の本登記は、所有権移転の本登記と同時に申請することを要します（昭35・3・31民甲712）。

(2)　一方、買戻特約の仮登記については、必ずしも所有権の移転の仮登記と同時に申請しなくてもよいと解されます（昭36・5・30民甲1257）。このように解すると、所有権移転の仮登記後その本登記がなされる期間は、買戻特約仮登記は、いつでも申請することができます。もっとも、これらの申請は、同時になされることが望ましいとされています。

記載例

●登記申請書

```
　　　　　　　　　　　登 記 申 請 書

登 記 の 目 的　　買戻特約仮登記
原　　　　　因　　令和○年○月○日買戻特約
売 買 代 金　　　金○万円
契 約 費 用　　　金○万円
期　　　　　間　　令和○年○月○日まで
権　利　者　　　○市○町○番地
　　　　　　　　　　　　A
義　務　者　　　○市○町○番地
　　　　　　　　　　　　B
添 付 情 報　　　登記原因証明情報　代理権限証書
　　　　　　　　　　　（以下省略）
```

＜記載のポイント＞

1　買戻特約は、所有権の移転の原因が売買のときのみに認められます。

2　登記の目的は、所有権移転の仮登記、所有権移転請求権の仮登記のどちらでも、買戻特約仮登記とされます。

3　所有権移転仮登記と買戻特約仮登記が同時に登記されるとBの印鑑証明書は、添付することを要しません。

4　登録免許税は、付記登記として、不動産1個につき1,000円（登税別表1一（十四））。

○添付情報（登記原因証明情報）

登記原因証明情報

1　登記申請情報の要項
　(1)　登記の目的　　買戻特約仮登記
　(2)　登記の原因　　令和○年○月○日買戻特約
　(3)　当事者　　　　権利者　○市○町○番地
　　　　　　　　　　　　　　　　A
　　　　　　　　　　義務者　○市○町○番地
　　　　　　　　　　　　　　　　B
　(4)　不動産の表示　（省略）
2　登記の原因となる事実又は法律行為
　(1)　令和○年○月○日、AとBは、本件土地につき買戻特約付売買契約を締結した。
　(2)　買戻特約の内容は次のとおりである。
　　　　　売買代金　　金○万円
　　　　　契約費用　　金○万円
　　　　　期　　間　　令和○年○月○日まで
　(3)　令和○年○月○日、AとBは前記の内容の買戻特約の仮登記をすることを合意した。

　　　以上相違ありません。
　　　令和○年○月○日　○法務局御中

	権利者　○市○町○番地
	A　　　　㊞
	義務者　○市○町○番地
	B　　　　㊞

※①登記事項は、不動産登記法96条によります。

※②期間は原則として最長10年（民580）。

記録例

甲区

1	所有権移転	（事項省略）	（事項一部省略） 所有者 　A
2	所有権移転 仮登記	令和○年○月○日 第○号	原因　令和○年○月○日買戻特 　約付売買 権利者　○市○町○番地 　B
	余　白	余　白	余　白
付記 1号	買戻特約仮 登記	令和○年○月○日 第○号	原因　令和○年○月○日買戻特 　約 売買代金　金○万円 契約費用　金○万円 期間　令和○年○月○日まで
	余　白	余　白	余　白

（記録例604）

【43】　所有権保存仮登記に対する買戻特約の仮登記をする場合

ケース

　Bは、A所有の未登記建物を売買により取得し、表題登記の上、所有権保存仮登記を経由している。

　当該売買契約に買戻特約がある場合のAの買戻特約の仮登記の方法はどうなるか。

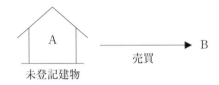

ポイント

　保存登記がなされる前にも法律行為としての売買契約が存する。

解　説

1　未登記不動産に対する買戻特約

(1)　未登記不動産に対して売買契約を締結することができます。登記は、対抗要件にすぎないからです。

(2)　したがって、買戻特約をすることができますが、保存登記が仮登記（【1】）なので買戻特約の登記も仮登記することとなります。

2　買戻特約の仮登記の申請人

　前記のように、買戻特約の仮登記ができる場合、売主Aが登記権利者、買主Bが登記義務者となって、共同申請することとなります。

記載例

●登記申請書

```
　　　　　　　　　登 記 申 請 書

登記の目的　　買戻特約仮登記
原　　　因　　令和○年○月○日買戻特約
売 買 代 金　　金○万円
契 約 費 用　　金○万円
期　　　間　　令和○年○月○日まで
権 利 者　　○市○町○番地
　　　　　　　　　A
義 務 者　　○市○町○番地
　　　　　　　　　B
　　　　　　　　（以下省略）
```

＜記載のポイント＞

1　登録免許税は不動産1個につき1,000円（登税別表1一（十四））。

○添付情報（登記原因証明情報）

```
　　　　　　　登記原因証明情報

1　登記申請情報の要項
　(1)　登記の目的　　買戻特約仮登記
　(2)　登記の原因　　令和○年○月○日買戻特約
　(3)　当事者　　　　権利者　○市○町○番地
　　　　　　　　　　　　　　　A
```

　　　　　　　　　　義務者　○市○町○番地
　　　　　　　　　　　　　　B
(4)　不動産の表示　　（省略）
2　登記の原因となる事実又は法律行為
(1)　令和○年○月○日、AとBは、A所有の未登記建物につき買戻
　　特約付き売買契約を締結し、Bは所有権保存仮登記をした。
　　買戻特約の内容
　　　　売買代金　　金○万円
　　　　契約費用　　金○万円
　　　　期　　間　　令和○年○月○日まで
(2)　令和○年○月○日、AとBは、前記(1)の買戻特約の仮登記をす
　　ることを合意した。

　　以上相違ありません。
　　令和○年○月○日　○法務局御中

　　　　　　　　　　　　　　権利者　○市○町○番地
　　　　　　　　　　　　　　　　　　A　　　　印
　　　　　　　　　　　　　　義務者　○市○町○番地
　　　　　　　　　　　　　　　　　　B　　　　印

記録例

甲区

1	所有権保存 仮登記	令和○年○月○日 第○号	権利者　○市○町○番地 B
	余　白	余　白	余　白
付記 1号	買戻特約仮 登記	令和○年○月○日 第○号	原因　令和○年○月○日買戻特 約

		売買代金　金○万円
		契約費用　金○万円
		期間　令和○年○月○日まで
		権利者　○市○町○番地
		A
余　白	余　白	余　白

（記録例604参照）

※①買戻特約仮登記は、所有権保存仮登記に付記します。

※②Aは、この登記により、初めて、登記記録に出現します。

第9　仮登記に基づく本登記

【44】　所有権の移転の仮登記に基づく本登記をする場合

　Bは、A所有の不動産の所有権を売買によって取得し、所有権移転仮登記を経由している。この場合、当該仮登記に基づく所有権の移転の本登記の方法はどうなるか。

1　本登記は、手続上の条件が具備した場合になされる。
2　仮登記の登記原因及びその日付と本登記の登記原因及びその日付は同一である。

解　説

1　所有権移転仮登記の意味

（1）　所有権移転仮登記は、不動産登記法105条1号の規定によりなされます。

　　　この1号仮登記は、既に物権の変動、つまり所有権は移転しているが、所有権移転の本登記をする登記上の条件が不備の場合になされます。

(2)　この登記上の条件とは、本登記に必要な登記識別情報、第三者の許可、同意を証する情報の提供を意味し、これらの情報の提供ができない場合に行われます。

2(1)　1号仮登記に基づく本登記は、前記の条件が具備した場合になされます。つまり、同一の売買という法律行為に基づく登記です。

(2)　同一の法律行為に基づく登記なので、仮登記と本登記の登記事項は同一となります。つまり、仮登記と本登記の登記原因とその日付は当然に同一となります。

記載例

●登記申請書

```
                登 記 申 請 書

  登記の目的    2番仮登記の所有権移転本登記
  原    因    令和○年○月○日売買
  権 利 者    ○市○町○番地
                     B
  義 務 者    ○市○町○番地
                     A
  添 付 情 報    登記原因証明情報　登記識別情報　印鑑証明書
               住所証明書　代理権限証書
                     （以下省略）
```

＜記載のポイント＞

1　登記の目的は、仮登記に基づく本登記であることを明示します。

2　原因、日付は、仮登記の原因、日付と同一である必要があります。

3　Bの仮登記後、所有権がAからCに移転している場合があります。

　この場合、仮登記に基づく本登記の登記義務者は、やはりAであり、Cは登記上の利害を有する者と解され、登記義務者ではありません。Cの登記を抹消の上AからBへの所有権の移転があったので、これを公示する必要があるからです。

　なお、Cから更にD、Eと所有権が移転している場合でも登記義務者はAであり、Eが登記上の利害関係人となり、C、Dの登記は、Bの本登記のときに登記官の職権（【47】）により抹消されます（昭37・7・30民甲2117）。

4　仮登記に基づく本登記の登録免許税の税率

(1)　「土地」の売買による所有権の移転登記
　　①　仮登記年月日が平成15年3月31日以前の場合
　　　　1,000分の15から1,000分の3を控除
　　　　　　税率1,000分の12
　　　・登録免許税法17条1項
　　　・租税特別措置法72条1項1号・3項
　　②　仮登記年月日が平成15年4月1日以降平成18年3月31日以前の場合
　　　　1,000分の15から1,000分の7.5を控除
　　　　　　税率1,000分の7.5
　　　・登録免許税法17条1項
　　　・租税特別措置法72条1項1号・2項
　　③　仮登記年月日が平成18年4月1日以降の場合
　　　　1,000分の15から1,000分の10を控除
　　　　　　税率1,000分の5
　　　・登録免許税法17条1項
　　　・租税特別措置法72条1項1号

(2)　「建物」の売買、贈与による所有権の移転登記
　　①　仮登記年月日が平成15年3月31日以前の場合
　　　　1,000分の20から1,000分の4を控除
　　　　　　税率1,000分の16
　　　・登録免許税法17条1項
　　　・所得税法等の一部を改正する法律（平成15年法律8号）附則24条4項により控除の割合は1,000分の4とされる。

②　仮登記年月日が平成15年4月1日以降の場合
1,000分の20から1,000分の10を控除
税率1,000分の10
・登録免許税法17条1項
5　その他の添付情報は、通常の所有権移転の登記の場合と同様です。

○添付情報（登記原因証明情報）

登記原因証明情報

1　登記申請情報の要項
(1)　登記の目的　　2番仮登記の所有権移転本登記
(2)　登記の原因　　令和○年○月○日売買
(3)　当事者　　　　権利者　○市○町○番地
　　　　　　　　　　　　　　　B
　　　　　　　　　　義務者　○市○町○番地
　　　　　　　　　　　　　　　A
(4)　不動産の表示　　（省略）
2　登記の原因となる事実又は法律行為
(1)　令和○年○月○日、ABはAの本件不動産につき売買契約を締
結したが、Aの登記識別情報の提供ができないので、所有権移転
仮登記をした（令和○年○月○日受付第○号登記済）。
(2)　令和○年○月○日、Aの登記識別情報の提供が可能となったの
で、前記(1)の仮登記に基づく所有権移転の本登記を申請するこ
とを合意した。

以上相違ありません。
令和○年○月○日　○法務局御中

　　　　　　　　　権利者　○市○町○番地
　　　　　　　　　　　　　B　　　㊞
　　　　　　　　　義務者　○市○町○番地
　　　　　　　　　　　　　A　　　㊞

記録例

甲区

1	所有権移転	（事項省略）	（事項一部省略） 所有者 　A
2	所有権移転 仮登記	（事項省略）	（事項一部省略） 権利者　○市○町○番地 　B
	所有権移転	令和○年○月○日 第○号	原因　令和○年○月○日売買 所有者　○市○町○番地 　B

（記録例607）

※①仮登記のBと本登記のBの住所等の表示は同一でなければならないので、相違する場合は仮登記の表示の変更（更正）登記をする必要があります（昭38・12・27民甲3315）。

※②Aが現在の登記名義人でない場合は、Aの表示の変更更正ができないので、Aについて変更更正を証する情報（住民票の写し等）の提供が必要です。

【45】 所有権の移転請求権の仮登記に基づく本登記をする場合

ケース

　Bは、AとA所有の不動産につき売買予約契約を締結し所有権移転請求権仮登記を経由した。Bが予約完結権を行使した場合の、Bへの仮登記に基づく所有権移転の本登記の方法はどうなるか。

ポイント

　予約契約と完結権に基づく売買契約は、別個の法律行為である。

解　説

1　売買予約と予約完結権の行使の関係

(1)　売買予約を締結すると、将来、本契約をする権利（予約完結権）が発生します。

　　Bは、この予約完結権を保全するため、2号仮登記（所有権移転請求権仮登記）をすることができます。

(2)　この予約完結権を行使するとAB間に本契約としての売買契約が成立し、不動産の所有権が移転することとなります。

　　このように、AからBへの所有権の移転には、二段階の法律行為があると解されます。

2　仮登記に基づく所有権移転の本登記の登記原因、日付

　前記のように、所有権の移転は、予約完結権行使の結果としての本
契約の成立によることとなるので、売買予約の日ではなく本登記は、
予約完結権行使の結果として成立した売買契約の成立日が登記原因、
日付となります。

記載例

●登記申請書

```
              登 記 申 請 書

登記の目的    2番仮登記の所有権移転本登記
原　　　因    令和○年○月○日売買
権　利　者    ○市○町○番地
                    B
義　務　者    ○市○町○番地
                    A
添 付 情 報    登記原因証明情報　登記識別情報　印鑑証明書
             住所証明書　代理権限証書
                  （以下省略）
```

＜記載のポイント＞

1　登記原因、日付は予約完結権の行使により、売買契約が成立した日です。

2　Bの所有権移転請求権仮登記の後、所有権移転請求権（所有権ではない。）が、BからCに移転している場合には、AとCで所有権移転の本登記を2番のBの仮登記の余白に登記することとなります。

　AからCへの所有権の移転の登記をしても所有権の移転の過程を反映しているからです。

3　添付情報、登録免許税は【44】と同じです。

○添付情報（登記原因証明情報）

登記原因証明情報

1　登記申請情報の要項
　(1)　登記の目的　　2番仮登記の所有権移転本登記
　(2)　登記の原因　　令和○年○月○日売買
　(3)　当事者　　　　権利者　○市○町○番地
　　　　　　　　　　　　　　　B
　　　　　　　　　　義務者　○市○町○番地
　　　　　　　　　　　　　　　A
　(4)　不動産の表示　　（省略）
2　登記の原因となる事実又は法律行為
　(1)　令和○年○月○日、AとBは、A所有の本件不動産につき売買予約契約を締結した。
　(2)　ABは、(1)の予約につき、Bを権利者とする所有権移転請求権仮登記を経由した（令和○年○月○日受付第○号）。
　(3)　令和○年○月○日、Bは(1)の予約に基づく予約完結権を行使し、本契約が成立したので、本件不動産の所有権はAからBに移転した。

　以上相違ありません。
　令和○年○月○日　　○法務局御中

　　　　　　　　　　　　　　権利者　○市○町○番地
　　　　　　　　　　　　　　　　　　B　　　　㊞
　　　　　　　　　　　　　　義務者　○市○町○番地
　　　　　　　　　　　　　　　　　　A　　　　㊞

記録例

甲区

1	所有権移転	（事項省略）	（事項一部省略） 所有者 　　A
2	所有権移転請求権仮登記	令和○年○月○日 第○号	原因　令和○年○月○日売買予約 権利者　○市○町○番地 　　B
	所有権移転	令和○年○月○日 第○号	原因　令和○年○月○日売買 所有者　○市○町○番地 　　B

（記録例607）

【46】　抵当権設定の仮登記に基づく本登記をする場合

ケース

　BはAと、A所有の不動産につき抵当権設定契約を締結し抵当権設定仮登記を経由した。AがCに所有権を移転した場合、Bが当該仮登記に基づく抵当権設定の本登記をするときの登記義務者は誰か。

ポイント

　抵当権設定の本登記につき、第三者Cの所有権の登記は妨げとならない。

解　説

1　抵当権設定登記の当事者

（1）　抵当権設定という物権行為は、AとBで行われています。実体上、Bは抵当権者であり、物権行為により抵当権を設定したAが契約上、抵当権設定者であると解されます。甲区と異なり、Cの登記があっても（Cの登記を抹消しなくても）、Bは抵当権設定の登記をすることが可能です。

(2)　一方、Cは現在の登記名義人なので抵当権設定の登記をすることにより、登記上、抵当権の負担という不利益を受ける（不登2十三）ので登記義務者とも解されます。

　　　また、抵当権設定契約によってAが負う抵当権設定登記義務を承継した者とも考えられます。

2　先例の見解

(1)　先例は、抵当権設定の仮登記後、第三者に所有権移転の登記がなされた場合の仮登記に基づく本登記の登記義務者は、抵当権設定者、現在の所有権登記名義人のいずれでもよい（昭37・2・18民三75）と解しています。

(2)　そうすると、A、Cのどちらでも登記義務者となると解されますが登記手続には、Cを登記義務者とする方が理解が容易と考えられます。

記載例

●登記申請書

＜記載のポイント＞

1　基本的には【45】の記載例に準じます。ただし、申請書の登記の目的は「1番仮登記の抵当権設定本登記」です。

2　1号仮登記の本登記なので仮登記と本登記の登記原因日付は同一です。この点2号仮登記の本登記の場合は、本登記としての抵当権を設定した原因日付です。

3　登録免許税は、通常の抵当権設定の登記と同様、債権額の1,000分の4（登税別表1一（五））。

○添付情報（登記原因証明情報）

※基本的に本契約として抵当権設定の場合と同様です。

> ### 記録例

乙区

1	抵当権設定 仮登記	（事項省略）	（事項省略）
	抵当権設定	令和○年○月○日 第○号	原因　令和○年○月○日金銭消 　　費貸借同日設定 債権額　金○万円 利息　年○％ 債務者　○市○町○番地 　　A 抵当権者　○市○町○番地 　　B

（記録例608）

【47】　所有権に関する仮登記に基づく本登記に伴う第三者の権利に関する登記の職権抹消をする場合

ケース

　Bは、A所有の土地につき売買を原因とする所有権移転仮登記を有している。

　その後、AはCに同土地を贈与し、Cは所有権移転登記を経由の上、Dのために抵当権設定の登記をした。

　Bが所有権移転仮登記の本登記をした場合の権利関係の公示方法はどうなるか。

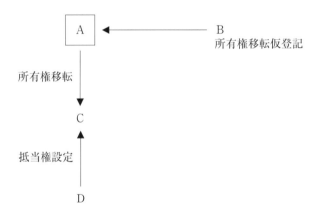

ポイント

　Bが、所有権移転仮登記の本登記をする場合、Cは登記上利害関係を有する者である。

解　説

1　Cの登記上の立場

(1)　所有権に関する仮登記を本登記にする場合、登記上の利害関係を有する第三者の承諾を証する情報の提供があるときは、登記官は職権でこの第三者の登記を抹消しなければならない（不登109①②）とされています。

(2)　Bは、2番の仮登記をすることにより、自己の所有権の登記の順位を保全（不登106）しています。したがって、A→Cと所有権の移転の登記があっても、BはCに対抗し、所有権を主張することができることとなります。

(3)　したがって、3番のCの登記は、2番のBの登記と抵触し、両立できない登記となります。

　　そこで、Cがこのことを自認しBの本登記につき承諾した情報の提供があるときは、登記官は、職権で、3番のCの登記を抹消する（不登規180）こととなります。

2　Cが設定した抵当権の設定登記の抹消

(1)　Cが設定したDの抵当権の登記は、Cが所有者であり、Cの登記を基礎としています。

(2)　前記のとおり、Cの登記が抹消されるとDの抵当権の登記も、その基礎を欠くこととなり抹消される（不登規180）登記となります。

記載例

●登記申請書

＜記載のポイント＞

　基本的には、【44】に準じます。

　ただし、添付情報として、登記上の利害関係人の承諾書（印鑑証明付）が追加されます。

○添付情報（登記原因証明情報）

```
                    登記原因証明情報


 1　登記申請情報の要項
 (1)　登記の目的　　2番仮登記の所有権移転本登記
 (2)　登記の原因　　令和○年○月○日売買
 (3)　当事者　　　　権利者　○市○町○番地
                              B
                    義務者　○市○町○番地
                              A
 (4)　不動産の表示　（省略）
 2　登記の原因となる事実又は法律行為
 (1)　AとBは、令和○年○月○日、A所有の不動産につき売買契約
     を締結し、Bは所有権移転仮登記を経由している（令和○年○月
     ○日受付第○号登記済）。
 (2)　令和○年○月○日、AはCに本件不動産を贈与し、Cは、所有
     権移転登記を経由の上、Dのために抵当権を設定した。
 (3)　令和○年○月○日、Bが(1)の仮登記に基づく本登記を申請す
     るにつきCは承諾した。
 (4)　よって、令和○年○月○日ABは(1)の仮登記に基づく本登記
     を申請する。


     以上相違ありません。
     令和○年○月○日　○法務局御中


                        権利者　○市○町○番地
                              B　　　　㊞
                        義務者　○市○町○番地
                              A　　　　㊞
```

記録例

甲区

1	所有権移転	（事項省略）	（一部事項省略） 所有者　○市○町○番地 　　　A
2	所有権移転 仮登記	令和○年○月○日 第○号	原因　令和○年○月○日売買 権利者　○市○町○番地 　　　B
	所有権移転	令和○年○月○日 第○号	原因　令和○年○月○日売買 所有者　○市○町○番地 　　　B
<u>3</u>	<u>所有権移転</u>	<u>令和○年○月○日</u> <u>第○号</u>	<u>原因　令和○年○月○日贈与</u> <u>所有者　○市○町○番地</u> 　　　<u>C</u>
4	3番所有権 抹消	余　白	2番仮登記の本登記により令和 　○年○月○日登記

乙区

<u>1</u>	<u>抵当権設定</u>	<u>（事項省略）</u>	<u>（事項一部省略）</u> 抵当権者　<u>D</u>
2	1番抵当権 抹消	余　白	甲区2番仮登記の本登記により 　令和○年○月○日登記

（記録例613）

※余　白は、職権抹消を示しています。

第10 仮登記の抹消

【48】 所有権の仮登記を抹消する場合（共同申請）

ケース

　Aが所有し、所有権の登記を経由している不動産につきBは、所有権移転仮登記を有している。

　CがAから所有権移転登記を受けた場合のBの仮登記の抹消をする方法はどうなるか。

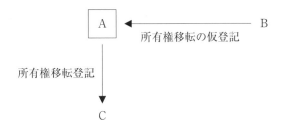

ポイント

　A、Cのどちらも仮登記の抹消の登記権利者となれる。

解　説

1　仮登記の抹消の基本的な考え方

　(1)　仮登記は、原因となった法律行為から発生する法律効果の順位の保全（不登106）のためになされます。

　(2)　そこで、仮登記の原因が解除等により消滅し実体関係と符合し

なくなると、順位保全の必要もなくなりその仮登記も抹消される
べき登記となります。

2　仮登記がなされた後、所有権が移転している場合の考え方

(1)　この仮登記は、AとBの法律行為の効果（所有権移転）を保全
するためになされているので、仮登記の抹消もABの共同申請（不
登60）によってなされるのが原則です。Aが登記権利者、Bが登
記義務者となります。

(2)　一方Cも登記権利者として、Bの仮登記の抹消を申請できると
解されます。

　　Bの仮登記を本登記にする場合、Cは不利益となるので登記上
の利害関係人（不登109②）に該当し、Cの承諾を要します。これを
反面から見れば、Bの仮登記の抹消により登記上直接に利益を受
ける者として登記権利者（不登2十二）になると解されるからです。

(3)　このように解すれば、登記権利者はA又はCのどちらもなり得
ることとなります。

┌─────────┐
│ 記載例 │
└─────────┘

●登記申請書

登　記　申　請　書
登記の目的　　　2番仮登記抹消
原　　　因　　　令和○年○月○日解除
権　利　者　　　○市○町○番地
A（又はC）
義　務　者　　　○市○町○番地
B

添 付 情 報	登記原因証明情報　登記識別情報
	印鑑証明書　代理権限証書
	（以下省略）

＜記載のポイント＞

1　　登記権利者はA又はCとなります。

2　　添付情報は、Bの印鑑証明書の他は一般の抹消登記の場合と同じです。
　登記原因証明情報の記載も同様です。

3　　登録免許税は不動産1個につき1,000円（登税別表1―(十五)）。

○添付情報（登記原因証明情報）〔省略〕

記録例

甲区

1	所有権保存	（事項省略）	所有者　○市○町○番地 A
2	所有権移転 仮登記	（事項省略）	（一部事項省略） 権利者　○市○町○番地 B
	余白抹消	余白抹消	余白抹消
3	所有権移転	（事項省略）	（一部事項省略） 所有者　○市○町○番地 C
4	2番仮登記 抹消	令和○年○月○日 第○号	原因　令和○年○月○日解除

（記録例614）

【49】 所有権移転請求権仮登記の抹消をする場合（仮登記名義人の単独申請）

ケース

Bは、A所有の土地につき、Aと売買予約契約を締結し、所有権移転請求権仮登記を経由している。

ABが前記売買予約契約を合意解除した場合のBが単独で当該仮登記を抹消する方法はどうなるか。

ポイント

仮登記名義人の単独申請の場合でも、仮登記義務者の印鑑証明が必要である。

解 説

1 仮登記の抹消原因

(1) 本ケースでは、ABの売買予約契約は、合意解除されています。

これにより、Bの予約完結権は消滅するので、これを保全するためのB名義の仮登記も抹消されるべき登記となります。

(2) この抹消については、仮登記名義人Bの単独の申請（不登110前段）が認められています。

抹消の申請の場合でも共同申請（不登60）が原則ですが、仮登記

は予備登記なので、その抹消についても利害関係人による単独申請と同様簡易な手続を認めるものと解されます。

2　Bの印鑑証明書の添付

(1)　Bは仮登記名義人であり、かつ仮登記の抹消の登記義務者です。このようなBの単独申請の場合でも、共同申請の場合と同様、Aを登記権利者として申請書に表示するのが実務です。

(2)　そうすると、Bは単独による抹消登記の申請人ではあっても、実質的には、登記義務者として印鑑証明書の添付が求められます（不登令16②・18②）。

記載例

●登記申請書

```
　　　　　　　　　登 記 申 請 書

登記の目的　　　2番仮登記抹消
原　　　因　　　令和○年○月○日合意解除
権　利　者　　　○市○町○番地
　　　　　　　　　　　　A
申　請　人　　　○市○町○番地
（仮登記名義人）　　B
添 付 情 報　　　登記原因証明情報　登記識別情報　印鑑証明書
　　　　　　　　　　　（以下省略）
```

＜記載のポイント＞

1　添付情報は通常の抹消登記申請の他、Bの印鑑証明書も必要です（不登令16②・18②）。

2　登記原因日付は、ABによる合意解除の日です。

3　登録免許税は不動産1個につき1,000円（登税別表1－（十五））。

○添付情報（登記原因証明情報）

※ＡＢの合意により当該予約契約が解除された旨の記載が必要です。

記録例

甲区

1	所有権移転	（事項省略）	（一部事項省略） 所有者　○市○町○番地 Ａ
2	所有権移転 請求権仮登 記	令和○年○月○日 第○号	原因　令和○年○月○日売買予 約 権利者　○市○町○番地 Ｂ
	余白抹消	余白抹消	余白抹消
3	2番仮登記 抹消	令和○年○月○日 第○号	原因　令和○年○月○日合意解 除

（記録例614参照）

【50】 所有権移転請求権仮登記に移転の付記登記がある場合の仮登記を抹消する場合

ケース

　Bは、A所有の不動産につき、売買予約を原因とする所有権移転請求権仮登記を経由している。Bは、この請求権をCに売買し、Cは移転の付記登記を経由している場合の所有権移転請求権仮登記を抹消する方法はどうなるか。

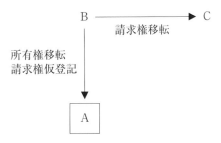

ポイント

　予約完結権はCに帰属しているから、Cを抹消の登記義務者として、付記登記を含めて仮登記を一体として抹消することができる。

解　説

1　予約完結権の移転

(1)　Bは、Aに対し、売買予約による予約完結権を有し、この予約完結権から生じる所有権移転請求権を有しています。

(2)　この所有権移転請求権は売買（債権譲渡）（民466①）することが

でき、売買によってＣが請求権者となります。

2　付記登記によるＣの権利の公示

(1)　前記Ｃの権利は、「所有権以外の権利の移転」の登記としてＢの仮登記の「付記登記」（不登規35）によってなされます。

(2)　「付記登記」は「既になされた登記と一体のもの」として公示（不登4②）されます。つまり、Ｃは付記登記によりＢの登記の内容の権利者としてＢと一体となり、仮登記の権利者として公示されることとなります。

3　当該仮登記の抹消の当事者

(1)　前記のように、Ｂの有していた請求権は、Ｃに移転、つまり、Ｃは仮登記の登記名義人と同一となると解されます。

　　したがって、Ｃは、仮登記の抹消の登記義務者として抹消登記の当事者となります。

(2)　もっとも、Ｂ→Ｃへの売買（債権譲渡）が解除等を原因として、Ｃの付記登記が抹消されると、Ｂが抹消登記の登記義務者の状態に復帰することとなります。

記載例

● 登記申請書

```
                    登 記 申 請 書

  登記の目的    2番仮登記抹消
  原    因    令和○年○月○日解除
  権 利 者    ○市○町○番地
                    A
```

```
義 務 者　　○市○町○番地
　　　　　　　　　C
添 付 情 報　　登記原因証明情報　登記識別情報　印鑑証明書
　　　　　　　　　（以下省略）
```

＜記載のポイント＞

1　この申請は前記解説３(1)の場合で、2番の仮登記の主登記と付記登記
は、一体として抹消されます。

2　登録免許税は、不動産1個につき1,000円（登税別表1ー(十五)）。

○添付情報（登記原因証明情報）

※通常の仮登記の場合と同様です。

記録例

甲区

1	所有権移転	（事項省略）	（一部事項省略） 所有者　○市○町○番地 　　　　　A
2	所有権移転請求権仮登記	令和○年○月○日 第○号	原因　令和○年○月○日売買予約 権利者　○市○町○番地 　　　　　B
	余白抹消	余白抹消	余白抹消
付記 1号	2番所有権移転請求権の移転	令和○年○月○日 第○号	原因　令和○年○月○日売買 権利者　○市○町○番地 　　　　　C
3	2番仮登記抹消	令和○年○月○日 第○号	原因　令和○年○月○日解除

（記録例614参照）

【51】　仮登記に基づく本登記のみを抹消する場合

ケース

　Bは、AとA所有の不動産を目的として、売買予約契約を締結し、所有権移転請求権仮登記を経由した。その後Bは、売買の本契約をしたとして当該仮登記に基づく売買を原因とする所有権移転の本登記を経由した。

　当該売買の本契約が解除された場合の登記の方法はどうなるか。

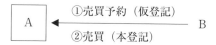

ポイント

　Bへの所有権移転（物権変動）は売買予約と売買契約の2つの法律行為に基づいている。

解　説

1　本登記のみの抹消

（1）　売買の登記は、仮登記の登記の余白になされるので、仮登記と本登記は、同一の法律行為を記録しているとも見えるところです。

（2）　しかし、Bが所有者となる過程には、売買予約という法律行為と、この予約に基づく売買という法律行為が存するので、本契約としての売買契約のみを解除することも可能と解されます。

2　仮登記を残す実益

(1)　前記のように解すると、本登記のみが、実体と符合しない登記
　　となり、抹消すべき登記となります。

(2)　そうすると、仮登記のみが残ることとなりますが、仮登記の順
　　位保全の効力（不登106）により、Bは、再度、本登記をする場合、
　　その順位を保全する実益があると考えられます。

記載例

●登記申請書

```
　　　　　　　　　　　　登 記 申 請 書

　登記の目的　　2番所有権本登記抹消
　原　　　因　　令和○年○月○日解除
　権　利　者　　○市○町○番地
　　　　　　　　　　　A
　義　務　者　　○市○町○番地
　　　　　　　　　　　B
　添 付 情 報　　登記原因証明情報　登記識別情報　印鑑証明書
　　　　　　　　代理権限証書
　　　　　　　　　　　（以下省略）
```

＜記載のポイント＞

1　登記の目的で、本登記のみの抹消を明示します。

2　当事者、添付情報は、一般の所有権移転登記の抹消の場合と同一です。
　　本登記の抹消なので仮登記の抹消の場合のBの単独による抹消（不登
　110）はできません。

3　Bの本登記のみの抹消なので、Bが本登記を受けた際の登記識別情報
　は添付を要しますが、Bが仮登記を受けた際の登記識別情報は不要です。

4　登録免許税は不動産1個につき1,000円（登税別表1一(十五)）。

○添付情報（登記原因証明情報）

※①本登記に基づく本登記のみの抹消であることが判断される記載が求められる他、一般の所有権の抹消の場合と同一の内容となります。

※②記録例615は、抹消原因を「錯誤」としていますが錯誤では当然には売買は無効ではなく取消事由（民95）となります。よって、登記原因証明情報上、錯誤により取消しの意思表示があった旨の記載が必要となります。

記録例

甲区

1	所有権移転	（事項省略）	（事項一部省略） 所有者　○市○町○番地 A
2	所有権移転請求権仮登記	令和○年○月○日第○号	原因　令和○年○月○日売買予約 権利者　○市○町○番地 B
	所有権移転	令和○年○月○日第○号	原因　令和○年○月○日売買 所有者　○市○町○番地 B
	余　白	余　白	余　白
3	2番所有権本登記抹消	令和○年○月○日第○号	原因　令和○年○月○日解除

（記録例615は原因を錯誤とする。）

【52】　仮登記に基づく本登記及び仮登記の抹消をする場合

ケース

　Bは、AとA所有の不動産につき売買契約を締結し、所有権移転仮登記及びこれに基づく所有権移転の本登記をしている。Aがこの売買契約を解除した場合の、Bの仮登記及び本登記の抹消の方法はどうなるか。

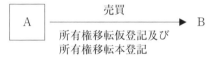

ポイント

　AB間の法律行為は一個である。

解　説

1　解除の目的となる法律行為

(1)　所有権移転仮登記は、既に売買によって、所有権が移転している場合に、本登記をする登記上の条件が不備のときになされます（不登105一）。この仮登記に基づく本登記はこの登記手続上の条件が具備してからなされます。

(2)　つまり、仮登記と本登記の登記原因が公示している法律行為は同一法律行為と考えられます。

　　したがって、Aは、同一の一個の売買契約を解除したと解されます。よって、仮登記も本登記も実体に符合しない登記として抹消すべき登記となります。

2　添付情報としての登記識別情報

(1)　仮登記及び本登記の2種類の登記の抹消なので、Bが仮登記を受けた際の登記識別情報と本登記の際の登記識別情報が必要な添付情報となるとも考えられます。

(2)　しかし、仮登記は本登記の順位保全のための予備登記であり、仮登記に基づく本登記がなされると、仮登記はその目的を達成しているので、当事者の意思が仮登記と本登記を一体として抹消する旨が明示されていれば、本登記の際の登記識別情報の添付で足り、仮登記の際の登記識別情報は不要と解されます。

　記載例

●登記申請書

```
　　　　　　　　　　登 記 申 請 書

登記の目的　　2番所有権本登記及び仮登記抹消
原　　　因　　令和○年○月○日解除
権 利 者　　○市○町○番地
　　　　　　　　　A
義 務 者　　○市○町○番地
　　　　　　　　　B
添 付 情 報　　登記原因証明情報　登記識別情報　印鑑証明書
　　　　　　　代理権限証書
　　　　　　　　　（以下省略）
```

＜記載のポイント＞

１　登記の目的で、本登記及び仮登記を一体として抹消することを明示します。

２　権利者、義務者のABの表示は、仮登記と本登記で同じです（昭36・5・8民甲1053）。

3　その他、添付情報は、通常の抹消登記の場合と同一です。

4　登録免許税は、不動産1個につき1,000円（登税別表1—(十五)）。

○添付情報（登記原因証明情報）

※仮登記及び本登記の原因となった法律行為を解除する旨の記載の他、通常の抹消の場合と同一です。

記録例

甲区

1	所有権移転	（事項省略）	（事項一部省略） 所有者　○市○町○番地 A
2	所有権移転 仮登記	令和○年○月○日 第○号	原因　令和○年○月○日売買 権利者　○市○町○番地 B
	所有権移転	令和○年○月○日 第○号	原因　令和○年○月○日売買 所有者　○市○町○番地 B
3	2番所有権 本登記及び 仮登記抹消	令和○年○月○日 第○号	原因　令和○年○月○日解除

（記録例616）

【53】　移転の仮登記の付記のある仮登記した抵当権の抹消を する場合

ケース

　Bは、Aに金銭債権を有し、A所有の不動産に抵当権設定仮登記を有している。

　Bは、Cにこの金銭債権を譲渡し、CはBの仮登記された抵当権に移転の付記登記をした。

　Cが、この金銭債権の全額の弁済を受けた場合のCの仮登記された抵当権の抹消の方法はどうなるか。

ポイント

　Cは、抵当権者（債権者）であり、抹消の登記義務者となる。

解　説

1　債権と抵当権の帰属

（1）　Aは、自己の金銭債務のため、抵当権を設定し、Bが1号仮登記 （不登105一）を経由しているのでBの有する金銭債権と抵当権は、 BからCへの債権譲渡により、Cが債権者となり、随伴性により 抵当権者となると解されます。

2　Cの権利の公示の方法

(1)　Bが仮登記された抵当権を有するので、この移転を受けたCは「所有権以外の権利の移転」（不登規3五）として付記登記によることとなります。

(2)　また、Bの権利が仮登記された抵当権なので、Cの付記登記も仮登記によってなされることとなります（【30】）。

記載例

●登記申請書

```
            登 記 申 請 書

登記の目的　　1番抵当権仮登記抹消
原　　　因　　令和○年○月○日弁済
権　利　者　　○市○町○番地
                    A
義　務　者　　○市○町○番地
                    C
添 付 情 報　　登記原因証明情報　登記識別情報　代理権限証書
              （以下省略）
```

＜記載のポイント＞

1　1番の仮登記の主登記と付記登記を一括して抹消することが判明します。

2　金銭債権の弁済を受けた日が登記原因の日です。

3　登記義務者はCです。仮登記された抵当権の移転の付記があるので、Cが登記義務者として申請すれば足ります。Bは、実体上の抵当権者ではありません。

4　添付書面としてCの登記識別情報の提供があれば足ります。

5　登録免許税は、不動産1個につき1,000円（登税別表1一（十五））。

○添付情報（登記原因証明情報）

※通常の抹消登記の申請の場合と同じです。

> 記録例

乙区

1	抵当権設定仮登記	令和○年○月○日第○号	（事項一部省略） 権利者　○市○町○番地 B
	余白抹消	余白抹消	余白抹消
付記1号	1番抵当権移転仮登記	令和○年○月○日第○号	原因　令和○年○月○日債権譲渡 権利者　○市○町○番地 C
	余白抹消	余白抹消	余白抹消
2	1番仮登記抹消	令和○年○月○日第○号	原因　令和○年○月○日弁済

（記録例448・614参照）

第11　信託の仮登記

【54】　所有権の移転の仮登記と信託の仮登記をする場合

　委託者Ｂと受託者Ａとの間でＢの所有不動産を目的とする信託契約が締結された。

　Ｂの所有権に関する登記識別情報がない場合のＡを受託者とする所有権移転仮登記及び信託仮登記の方法はどうなるか。

　信託の仮登記は、所有権移転仮登記の申請と同時にしなければならないので、同一の申請書ですることを要する。

解　説

1　信託の仮登記の可否

(1)　信託は、信託契約の締結により成立します（信託3一）。信託契約とは、委託者Ｂと受託者Ａの間で、財産権を移転する契約で、信託契約の締結によって、契約の効力が発生します（信託4①）。

(2)　そこで、不動産登記法105条1号による信託の仮登記が認められることは異論がないと考えられます。

　　不動産登記法105条2号による仮登記については、見解が対立しこれを否定する見解もありますが、信託は、停止条件付、始期付でも認められる（信託4④）ので、これを肯定し、「信託予約」を原因とする仮登記も許されるとする見解もあります。

2　登記の申請方法

(1)　委託者Bの固有不動産を信託した場合、信託の登記の申請は、所有権移転登記の申請と同時にしなければならない（不登98①）とされています。

(2)　よって、仮登記の申請についても、信託の仮登記と所有権移転の仮登記の申請も同時つまり、1件の申請書による（不登令5②）こととなります。

――――――――
| 記載例 |
――――――――

●登記申請書

```
　　　　　　　　　　登　記　申　請　書

　登記の目的　　所有権移転仮登記及び信託仮登記
　原　　　因　　令和○年○月○日信託
　権　利　者　　○市○町○番地
　　　　　　　　　　　　A
　義　務　者　　○市○町○番地
　　　　　　　　　　　　B
　添 付 情 報　　登記原因証明情報　印鑑証明書
　　　　　　　　代理権限証書　信託目録
　　　　　　　　　（中略）
```

```
登録免許税　　金○円
　移転分　登録免許税法7条1項1号により非課税
　信託分　金○円
　　　　　　　　　　（以下省略）
```

＜記載のポイント＞

1　同一の申請書で所有権移転仮登記と信託仮登記が登記の目的となります。

2　原因は「信託」とされます。2号仮登記を認めるとすれば「信託予約」等となります。

3　登記原因証明情報は、通常信託契約書が該当します。

4　書面申請の場合、信託目録が添付されます（不登規176②）。
　1不動産ごとに1通の目録が提出されます。

5　登録免許税
　所有権移転仮登記にも登録免許税法が適用され、非課税（登税7①一）となります。信託の仮登記については不動産価額の1,000分の2（登税別表1一(十二)ホ(1)）。

○添付情報（登記原因証明情報）

通常は、信託契約書がこれに該当します。

報告的な登記原因証明情報の例は次のとおりです。

```
　　　　　　　　　　登記原因証明情報


1　登記申請情報の要項
　(1)　登記の目的　　所有権移転仮登記及び信託仮登記
　(2)　登記の原因　　令和○年○月○日信託
　(3)　当事者　　　　受託者　○市○町○番地
　　　　　　　　　　　　　　　A
　　　　　　　　　　委託者　○市○町○番地
　　　　　　　　　　　　　　　B
　(4)　不動産の表示　（省略）
```

(5)　信託の内容　　信託目録のとおり

2　登記の原因となる事実又は法律行為

(1)　令和○年○月○日、AとBは、本件不動産につき管理、処分を目的とする信託契約を締結した。

(2)　よって、本件不動産の所有権はBからAに移転した。

(3)　同日、AとBは、(1)(2)を内容とする所有権移転仮登記及び信託仮登記をすることに合意した。

以上相違ありません。

令和○年○月○日　　○法務局御中

　　　　　　　　　　　　受託者　○市○町○番地
　　　　　　　　　　　　　　　A　　　　㊞
　　　　　　　　　　　　委託者　○市○町○番地
　　　　　　　　　　　　　　　B　　　　㊞

※信託目録が添付され、これにより、信託の内容が示されます。

記録例

甲区

1	所有権移転	（事項省略）	（一部事項省略） 所有者　○市○町○番地 　　　　B
2	所有権移転仮登記	令和○年○月○日第○号	原因　令和○年○月○日信託 権利者　○市○町○番地 　　　　A
	信託仮登記	余　白	信託目録第○号
	余　白	余　白	余　白

余　白	余　白	余　白

（記録例605）

※①仮登記の段階では、順位2番のＡは、「受託者」ではなく「権利者」です。

※②信託登記の内容は、信託目録に記録され信託目録番号のみが登記されます。

※③信託目録の様式は不動産登記規則別記5号によります。

※④ちなみに、仮登記の際にこの信託目録が提出されるので本登記の際には不要です。

第12　仮登記仮処分による仮登記

【55】　所有権の移転の仮登記をする場合

ケース

　ＡからＢへ売買によって、Ａ所有の不動産の所有権が移転したが、Ａが所有権の移転登記に協力しない。

　この場合のＢが、仮登記を命ずる処分を得て所有権移転仮登記を申請する方法はどうなるか。

ポイント

　仮登記を命ずる処分の性質は、本案訴訟の存在を前提としない非訟事件である。

解　説

1　仮登記を命ずる処分の実益

（1）　不動産登記法105条1号の場合は、不動産の物権変動が既に発生しているので、相手方Ａが登記に協力しないときは、Ｂは、Ａに対し、所有権移転登記手続を訴求し、確定判決を得て単独で所有権移転の登記申請（不登63①）をすることができます。

(2)　しかし、Bは単独で登記手続ができるとしても、これによるときは、一定の時間を要し、第三者が出現する危険があります。不動産登記法105条2号の所有権移転請求権仮登記の場合でも同様です。

　　このような訴訟を回避し、仮登記をすることができる点に仮登記仮処分による仮登記の実益があります。

2　仮登記仮処分による仮登記と民事保全法の仮処分の相違

(1)　民事保全法の仮処分は、強制執行の保全が目的で本案訴訟の提起を前提としています。

(2)　一方、仮登記仮処分による仮登記の場合は、本案訴訟の提起は前提とされず、仮登記の原因となる事実を疎明し（不登108②）非訟事件として、非訟事件手続法によります（非訟事件手続法3、不登108③〜⑤）。

記載例

●登記申請書

<table>
<tr><td colspan="2" align="center">登 記 申 請 書</td></tr>
<tr><td>登記の目的</td><td>所有権移転仮登記</td></tr>
<tr><td>原　　　因</td><td>令和○年○月○日売買</td></tr>
<tr><td>権　利　者</td><td>○市○町○番地</td></tr>
<tr><td>（申請人）</td><td>　　　　　B</td></tr>
<tr><td>義　務　者</td><td>○市○町○番地</td></tr>
<tr><td></td><td>　　　　　A</td></tr>
<tr><td>添 付 情 報</td><td>登記原因証明情報（仮登記処分決定書正本）</td></tr>
<tr><td></td><td>代理権限証書</td></tr>
<tr><td></td><td align="center">（以下省略）</td></tr>
</table>

＜記載のポイント＞

1　買主Bは、仮登記を命ずる処分を得た者として、登記権利者となります。

2　登記原因証明情報として、仮登記を命じる「決定正本」（不登令7①五ロ(2)）が必要です。

3　登録免許税は、課税価格の1,000分の10（登税別表1一(十二)ロ(3)）。

○添付情報（登記原因証明情報）〔省略〕

| 記録例 | 〔省略〕 |

第13　仮登記担保契約に関する法律の仮登記

【56】　担保仮登記に基づく本登記をする場合

ケース

　BはAに金銭を貸し付け、Aの債務不履行を停止条件とする代物弁済契約を締結した。

　Bは、前記債権の担保として「条件付所有権移転仮登記」を経由した。

　Aの債務不履行があった場合のBが前記仮登記を所有権移転の本登記とする方法はどうなるか。

$$A \longleftarrow B$$

金銭債権　　　仮登記権利者

ポイント

1　この仮登記は、「担保仮登記」である。

2　所有権の移転時期は、清算金見積額の通知の到達日から2か月が経過した日である。

解　説

1　担保仮登記の意義

（1）　金銭債権を担保するため、債務不履行のあるときは、債権者に債務者、物上保証人の所有権等の権利を移転することを目的として締結された代物弁済予約、停止条件付代物弁済契約で、仮登記

されたものを「担保仮登記」といいます（仮登記担保1）。

(2)　当該仮登記が担保仮登記と判断されるためには、金銭債権の担保を目的とした仮登記であって、譲渡担保と異なり、債務者、物上保証人から「債権者への権利の移転」が、債務者の金銭債務の債務不履行の後に生じることが必要とされています。

(3)　しかし、登記の記録から、当該仮登記が担保仮登記か否か判断が難しい場合もあります。一般的には、金銭債権に関しての、条件付代物弁済契約や代物弁済予約は、担保仮登記と解されますが、売買予約を仮登記の原因とする場合は、明らかでないと解されています（昭54・4・21民三2592）。

　　形式的審査権しか有しない登記官は、当事者の動機等、諸般の事情を考慮することはできないので前記先例に従って、担保仮登記か否か判断するしかないと考えられます。

2　本登記できる要件（所有権の移転時期）

(1)　債権者が目的物の所有権を取得しようとする場合は、契約上、所有権が移転するとされる日以後に、債務者等に清算金の見積額（清算金がないときはその旨）を通知し、この通知が到達した日から2か月の清算期間の経過によって所有権の移転の効力が生じる（仮登記担保2①）とされています。なお、この通知の方法は、一般的には配達証明付の書面によっています。

(2)　したがって、本登記の原因日付（所有権の移転の日）は、原則として仮登記原因日付から2か月の経過後の日でなくてはならずこれに反する場合は却下（不登25十三）されます（昭54・4・21民三2592）。

　　なお、清算金の支払と所有権の移転の登記義務は同時履行（仮登記担保3②、民533）の関係にあります。

記載例

●登記申請書

```
              登 記 申 請 書


登記の目的    2番仮登記の所有権移転本登記
原  因     令和2年9月2日代物弁済
権 利 者    ○市○町○番地
               B
義 務 者    ○市○町○番地
               A
添 付 情 報   登記原因証明情報　登記識別情報
           印鑑証明書　住所証明書　代理権限証書
              （以下省略）
```

＜記載のポイント＞

1　登記の目的は、通常の仮登記に基づく本登記と同じです（【44】）が、登記記録、登記原因証明情報から、この登記は、担保仮登記に基づく本登記と判断することができます。

2　原因日付は、清算金見積額の通知の到達日から2か月の経過した日です。

3　登録免許税は、不動産の価額の1,000分の20から1,000分の10を控除した割合です（登税9・17①・別表1－（二）ハ）。

○添付情報（登記原因証明情報）

```
          登記原因証明情報


1　登記申請情報の要項
 （1）　登記の目的　　2番仮登記の所有権移転本登記
```

　(2)　登記の原因　　令和2年9月2日代物弁済
　(3)　当事者　　　　権利者　○市○町○番地
　　　　　　　　　　　　　　　　B
　　　　　　　　　　義務者　○市○町○番地
　　　　　　　　　　　　　　　　A
　(4)　不動産の表示　（省略）
2　登記の原因となる事実又は法律行為
　(1)　令和2年1月5日、BはAに金銭を貸し付け、この債務の不履行を
　　　停止条件とした条件付代物弁済契約を締結した。
　(2)　同日、Bは(1)の内容の条件付所有権移転仮登記を経由した。
　(3)　Aは、債務を弁済せず債務不履行に陥ったので、Bは、清算金
　　　の見積額をAに通知し、当該通知は、令和2年7月1日、Aに到達し、
　　　同日、BはAに清算金の支払をした。
　(4)　よって、条件が成就したのでAとBは、令和2年9月2日代物弁済
　　　を原因とする(2)の仮登記に基づく本登記を申請する。

　以上相違ありません。
　令和○年○月○日　○法務局御中

　　　　　　　　　　　権利者　○市○町○番地
　　　　　　　　　　　　　　　B　　　　㊞
　　　　　　　　　　　義務者　○市○町○番地
　　　　　　　　　　　　　　　A　　　　㊞

※通知到達から所有権が移転するまでの経過は、次のとおりと解されます。
　①令和2年7月1日、通知がAに到達。
　②令和2年7月2日が清算期間の起算日（民138・140）。
　③令和2年9月1日に2か月の期間が終了（民141）する。
　④よって、令和2年9月2日代物弁済による所有権の移転の効力が生ずる。

記録例

甲区

1	所有権移転	（事項省略）	（一部事項省略） 所有者　○市○町○番地 　　　　A
2	条件付所有権移転仮登記	令和2年1月5日 第○号	原因　令和2年1月5日代物弁済 　（条件　令和2年1月5日金銭 　消費貸借の債務不履行） 権利者　○市○町○番地 　　　　B
	所有権移転	令和2年9月2日 第○号	原因　令和2年9月2日代物弁済 所有者　○市○町○番地 　　　　B

（昭54・4・21民三2592参照）

【57】　受戻権を行使する場合

ケース

　AはBに金銭債権を有し、この債権の担保のため担保仮登記として条件付所有権移転仮登記を経由したが、Bの債務不履行があったので所有権移転の本登記をした。

　Bが清算金の支払を受けていない場合、Bが目的不動産を受け戻し、Aから所有権の移転を受ける方法はどうなるか。

$$\text{A} \xrightarrow{\quad\text{金銭債権}\quad} \text{B}$$
（担保仮登記権者）

ポイント

1　受戻しのできる期間は、清算金の支払を受けるまでである。

2　受戻しの効果は、担保仮登記に基づく所有権移転の本登記がされている場合は、所有権の移転登記、仮登記のままのときは、仮登記の抹消となる。

解　説

1　仮登記担保契約による所有権の移転

(1)　仮登記担保契約の場合、債務不履行のときは担保仮登記権者が予約完結権を行使し、又は、条件が成就されると解されると、債務者等に清算金の見積額（清算金のないときはその旨）を通知し、その通知の到達から清算期間として2か月が経過した日に所有権

が移転します（仮登記担保2）。

(2)　この清算金の支払義務と所有権の移転の登記義務は、同時履行（民533）の関係にあります（仮登記担保3②）。

　　そこで、一般的には清算金支払がないのに所有権の移転登記がなされていることはないと解されますが、債務者等が同時履行の抗弁権を行使せず清算金の支払がないまま所有権の移転の登記がなされる場合があることは否定できないところです。

2　受戻権の行使

(1)　債務者等は、債権者から清算金の支払を受けるまでは、債務を弁済して、目的物を受け戻すことができます（仮登記担保11本文）。これが受戻権です。

(2)　ただし、清算金がない場合は、受戻権は行使できません。

　　また、清算期間から5年の経過する前であること、第三者が目的物の所有権を取得していないこと（仮登記担保11ただし書）が要件となります。

(3)　受戻権は、形成権として、その行使があると、当然に所有権が移転すると解されますが、本登記がなされている場合と未了の場合で登記の方法が異なります。

　┌─────────┐
　│　記載例　│
　└─────────┘

●登記申請書（担保仮登記に基づく本登記がなされている場合）

登 記 申 請 書
登記の目的　　所有権移転
原　　　因　　令和○年○月○日受戻し

```
権 利 者　　○市○町○番地
　　　　　　　　　　B
義 務 者　　○市○町○番地
　　　　　　　　　　A
添 付 情 報　　登記原因証明情報　登記識別情報　印鑑証明書
　　　　　　　住所証明書　代理権限証書
　　　　　　　　　　（以下省略）
```

＜記載のポイント＞

1　登記原因は「受戻し」とされ、その日付は受戻しの意思表示が到達した日となり、本登記の日付から5年以内であることが必要です（昭54・4・21民三2592）。

2　登記権利者Bの氏名、住所が本登記をした時と異なる場合、同一性を証する書面が必要です。

3　登録免許税は「その他の原因」による移転の登記として課税価格の1,000分の20（登税別表1一(二)ハ）です。

●登記申請書（担保仮登記に基づく本登記がなされず、仮登記のままの場合）

```
　　　　　　　　　　登 記 申 請 書

登記の目的　　○番条件付所有権移転仮登記抹消
原　　　因　　令和○年○月○日受戻しによる失効
権 利 者　　○市○町○番地
　　　　　　　　　　B
義 務 者　　○市○町○番地
　　　　　　　　　　A
添 付 情 報　　登記原因証明情報　登記識別情報　印鑑証明書
　　　　　　　住所証明書　代理権限証書
　　　　　　　　　　（以下省略）
```

＜記載のポイント＞

1　受戻権の行使により、Aに債務の全額（元本、利息、損害金、費用）の弁済があると、担保仮登記は実体に符合しない仮登記として抹消すべき登記となります。

2　登記原因は、「受戻しによる失効」とされ（昭54・4・21民三2592）、受戻しの意思表示が到達した日が日付となります。

3　登録免許税等その他は、通常の所有権の仮登記の抹消の場合と同じです。

○添付情報（登記原因証明情報）（担保仮登記に基づく本登記がなされている場合）

登記原因証明情報

1　登記申請情報の要項
　(1)　登記の目的　　　所有権移転
　(2)　登記の原因　　　令和○年○月○日受戻し
　(3)　当事者　　　　　権利者　○市○町○番地
B
　　　　　　　　　　　義務者　○市○町○番地
A
　(4)　不動産の表示　　（省略）
2　登記の原因となる事実又は法律行為
　(1)　Aは、Bに金銭を貸し付け、当該債権の担保のため、本件不動産にBの債務不履行を停止条件とする条件付所有権移転仮登記をした（令和○年○月○日第○号登記済）。
　(2)　令和○年○月○日、Bの債務不履行があったので(1)の仮登記に基づく所有権移転の本登記をしたが、Bは清算金の支払を受けていない。
　(3)　令和○年○月○日、Bはその債務の弁済を提供の上、本件不動産につき、受戻権を行使し、同日、その意思表示はAに到達した。

(4)　よって、同日、本件不動産の所有権はBからAに移転した。

以上相違ありません。
令和○年○月○日　○法務局御中

権利者　○市○町○番地
　　　　B　　　　㊞
義務者　○市○町○番地
　　　　A　　　　㊞

※担保仮登記に基づく本登記がなされていない場合は、所有権の移転の仮登記を抹消する登記原因証明情報が必要となりますが、一般の仮登記の抹消に準じればよいと考えられます。

記録例

※記録例も、通常の所有権移転、仮登記の抹消に準じて記録されます。

（昭54・4・21民三2592参照）

第14　保全仮登記

【58】　抵当権設定保全仮登記をする場合

ケース

　Ａ（債務者、抵当権設定者）とＢ（債権者）は抵当権設定契約を締結した。

　Ａが、抵当権の設定の登記に協力しない場合、Ｂの仮処分による抵当権設定登記請求権の保全をする方法はどうなるか。

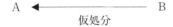

A ◄──────── B
仮処分

ポイント

1　処分禁止の仮処分命令は、1個の決定でなされ、甲区に処分禁止仮処分の登記、乙区に保全仮登記がなされる。

2　禁止事項は仮処分の登記の登記事項ではない。

解　説

1　保全仮登記の意義

(1)　不動産に関する「所有権以外の権利」の保存、設定、変更についての登記請求権を保全するための処分禁止の仮処分の執行は、処分禁止の登記とともに、仮処分による仮登記をする方法によって行う（民保53②）とされています。

(2)　抵当権の設定請求権は、不動産登記法112条が、保全仮登記に基づく本登記の順位は一般の仮登記と同様、仮登記の順位による（不登106）ので、その順位が保全できれば、他の権利と併存が可能で

あり、保全仮登記を本登記にする（民保58③）ことにより、抵当権設定請求権を実現することができます。

2　保全仮登記の方法

(1)　保全仮登記は「処分禁止の仮処分」の登記とともになされます。これにより、当事者に権利の処分を制限させ、当事者の恒定を公示する意味があります。

(2)　保全仮登記には余白が設けられ（不登規179）、本登記は、その余白になされます。

3　処分禁止仮処分の登記の嘱託

①　裁判所書記官の嘱託によります（不登16、民保53③・47②③、平2・11・8民三5000）。

②　登記の目的は、「処分禁止仮処分」「保全仮登記」と同一の嘱託書に記載されます。

③　原因は「令和○年○月○日○裁判所仮処分命令」とされます。

④　別紙の登記目録が添付され、以下の事項が内容とされます。

登記の目的	抵当権設定仮登記
原　　因	令和○年○月○日金銭消費貸借同日設定
債　権　額	金○万円
利　　息	年○％
損　害　金	年○％
債　務　者	○市○町○番地 A
権　利　者	○市○町○番地 B

※決定正本が添付されます。

⑤　禁止事項は記載しません。

⑥　登録免許税は、1個の仮処分の登記として納付（登税別表1一(五)）すれば足ります（平2・11・8民三5000第3　3(1)オ）。

記録例

甲区

1	所有権保存	（事項省略）	所有者　○市○町○番地 A
2	処分禁止仮処分（乙区1番保全仮登記）	令和○年○月○日第○号	原因　令和○年○月○日○地方裁判所（支部）仮処分命令 債権者　○市○町○番地 B

乙区

1	抵当権設定保全仮登記（甲区2番仮処分）	令和○年○月○日第○号	原因　令和○年○月○日金銭消費貸借同日設定 債権額　金○万円 利息　年○% 損害金　年○% 債務者　○市○町○番地 A 権利者　○市○町○番地 B
	余　白	余　白	余　白

（記録例696）

※①仮処分命令は、1個の決定でなされるので仮処分の登記も1件の嘱託書によります。

※②「乙区○番保全仮登記」「甲区○番仮処分」と記録し、甲区、乙区が関連付けられます。

※③甲区の処分禁止仮処分の登記と保全仮登記の受付番号は、当然同一です。

【59】　転抵当の保全仮登記をする場合

ケース

　ＡはＣの不動産上の1番抵当権者であるところ、自己の債務の担保
のため、この抵当権にＢと転抵当設定契約を締結した。

　Ａが転抵当の登記に協力しない場合のＢの抵当権設定請求権の保全
をする方法はどうなるか。

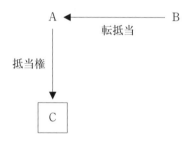

ポイント

　処分禁止仮処分の登記と保全仮登記は、どちらも目的とされ
た抵当権の登記に付記される。

解　説

1　処分禁止仮処分の登記と転抵当の設定の保全仮登記の形式

　(1)　転抵当権者Ｂの登記請求権を保全するためＢが1番の抵当権に
　　　対して、処分禁止の仮処分の申立てをし、この処分禁止仮処分の
　　　登記が保全仮登記と共に嘱託されることが必要です。

　(2)　当然のことながら、抵当権設定の登記と転抵当の登記は乙区に

なされます。したがって、目的とされた抵当権に処分禁止仮処分の登記をする必要はありますが、甲区の所有権登記名義人に処分禁止仮処分の登記をする必要はないこととなります。

　よって、処分禁止仮処分の登記と保全仮登記は、Aの1番抵当権設定の登記に付記（不登規3四）してなされます。

2　処分禁止仮処分の登記と転抵当の設定の保全仮登記の順序

(1)　この2つの登記は、1個の仮処分なので記録例のように関連付けて、連続して登記するとされています。

(2)　その順序は、処分禁止仮処分の登記を先にし、保全仮登記は、その次になされます。保全仮登記は、処分禁止仮処分の手段とされるからと考えられます。

3　抵当権に対する仮処分の嘱託書

抵当権設定の場合に準じます。

記録例

乙区

1	抵当権設定	（事項省略）	（事項一部省略） 抵当権者　○市○町○番地 　　A
付記1号	1番抵当権処分禁止仮処分（1番付記2号保全仮登記）	令和○年○月○日第○号	原因　令和○年○月○日○地方裁判所（支部）仮処分命令 債権者　○市○町○番地 　　B

付記 2号	1番抵当権 転抵当保全 仮登記（1 番付記1号 仮処分）	令和○年○月○日 第○号	（抵当権事項一部省略） 権利者　○市○町○番地 　　　　B
	余　白	余　白	余　白

（記録例697）

※付記登記の括弧書により、処分禁止仮登記と保全仮登記が関連付けられ
　ています。

【60】　抵当権回復の保全仮登記をする場合

ケース

　Bは、A所有の不動産の抵当権者であり、乙区順位1番で抵当権設定の登記を有する。

　当該抵当権の登記が不法に抹消されたが、Aが抹消回復の登記に協力しない場合、抹消回復請求権を保全する方法はどうなるか。

ポイント

　この場合の保全仮登記は、回復される抵当権の登記事項ではなく、抵当権の回復の登記である。

解　説

1　回復登記の意義

(1)　回復登記（不登72）とは、既になされた登記が不当（第三者による不適法な申請、当事者の錯誤による申請、登記官の過誤）に抹消された場合、その抹消された登記と同一の登記を回復することです。

(2)　これにより、遡及的に抹消されなかったこととなり、抹消された登記と同一の登記がなされます（不登規155）。

2　保全仮登記により回復される対象

(1)　Bが抹消回復登記請求権を保全するため処分禁止の仮処分を申し立てると、その仮処分の登記とともに、保全仮登記が嘱託されます。

(2)　ここで、保全仮登記は、回復される抵当権の登記事項ではなく、抵当権の回復の登記です。

3　登記の嘱託

【58】の嘱託に準じます。

記録例

甲区

| 1 | 所有権保存 | （事項省略） | 所有者　○市○町○番地
A |
| 2 | 処分禁止仮処分（乙区3番保全仮登記） | 令和○年○月○日第○号 | 原因　令和○年○月○日○地方裁判所（支部）仮処分命令
債権者　○市○町○番地
B |

乙区

1	抵当権設定	（事項省略）	（事項一部省略） 抵当権者　○市○町○番地 B
2	1番抵当権抹消	令和○年○月○日第○号	原因　令和○年○月○日弁済
3	1番抵当権回復保全仮登記（甲区	令和○年○月○日第○号	原因　錯誤

2番仮処分)			
余　白	余　白	余　白	

（記録例698）

※ BはAに対し債務名義を取得の上、保全仮登記に基づき抵当権回復の本
　登記を順位3番の余白にした後に、順位4番で1番の登記事項を回復する
　こととなります。

第15　配偶者居住権に関する仮登記

【61】　配偶者居住権の設定の仮登記をする場合

> ### ケース
>
> 　Aは、その配偶者Bとの間で、A所有の建物につき、Bに配偶者居住権を取得させる旨の死因贈与契約を締結している。
>
> 　Aの死亡前にBの配偶者居住権を保全する方法はどうなるか。

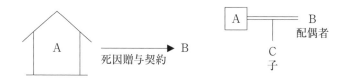

> ### ポイント
>
> 　配偶者居住権は、乙区に仮登記することができる。

解　説

1　配偶者居住権の意義と成立

(1)　配偶者居住権の制度が新設され、令和2年4月1日以後の相続、同日以後に作成される遺言による遺贈に適用されます。

(2)　配偶者居住権は、相続の際に被相続人の配偶者が被相続人の財産に属した建物について相続開始時に当該建物に居住していた場合、その全部を無償で使用、収益できる権利（民1028①）です。

(3)　配偶者居住権は、①被相続人が遺言でする「遺贈」を原因とする場合（民1028①二）、②死因贈与の場合（民554）、③遺産分割協議の場合（民1028①一）に成立、取得されると規定されました。

2　配偶者居住権の登記

(1)　配偶者居住権の設定登記は、第三者対抗要件とされ（民1031②）、一般に、不動産賃借権と同様、債権的権利と解されています。なお、配偶者短期居住権（民1037）は、対抗要件の制度がなく、その設定の登記は認められません。

(2)　その登記は、「配偶者居住権」（不登3九）として加えられ、各種の登記事項（不登81の2）が規定されています。

　　また、その登記は、乙区に登録され、仮登記ができるのは、他の登記と同様です。

3　配偶者居住権の設定の仮登記

(1)　前述のとおり、配偶者居住権は、登記できる権利として、「遺贈」「死因贈与」「遺産分割」を原因として成立し取得されます。

　　配偶者居住権は、登記できる権利なのでその仮登記もできる（不登3・105）と解されるので、仮登記をして、その順位保全（不登106）をすることが可能となります。

(2)　前記の配偶者居住権の成立原因のうち、「死因贈与」を原因とする配偶者居住権の設定の仮登記（不登105二）が一番Bの利益になると解されます。「死因贈与」はAの生存時に、契約によってなされるので、「遺贈」に比較して、順位保全が容易と考えられるからです。

記載例

●登記申請書（死因贈与の場合の例）

```
　　　　　　　　　　　登 記 申 請 書

登記の目的　　始期付配偶者居住権設定仮登記
原　　　因　　令和○年○月○日贈与
　　　　　　　（始期　Aの死亡）
存 続 期 間　　配偶者居住権者の死亡時まで
特　　　約　　第三者に居住建物の使用又は収益をさせることができ
　　　　　　　る
権 利 者　　○市○町○番地
　　　　　　　　　　B
義 務 者　　○市○町○番地
　　　　　　　　　　A
添 付 情 報　　登記原因証明情報　印鑑証明書　代理権限証書
　　　　　　　　　（以下省略）
```

<記載のポイント>

1　登記原因日付が「死因贈与」の場合の例です（令2・3・30民二324　3(1)イ(ウ)）。

2　存続期間は登記事項で、これに別段の定めがない場合は、配偶者の終身が存続期間とされます（民1030本文、不登81の2一、令2・3・30民二324　3(1)イ(エ)）。

3　特約は登記できる（不登81の2二）とされ、賃借権に類似します。原則は、居住建物の所有者の承諾を要します（民1032③）。

4　権利者は、配偶者居住権を取得する配偶者です。

5　義務者は、目的建物の所有者です。

6　登記原因証明情報として、死因贈与契約書が提供されます。

7　登録免許税は、不動産価額の1,000分の1（登税別表1一（十二）ニ）。

○添付情報（登記原因証明情報）

登記原因証明情報

1　登記申請情報の要項
（1）　登記の目的　　始期付配偶者居住権設定仮登記
（2）　登記の原因　　令和○年○月○日贈与
　　　　　　　　　　（始期　Aの死亡）
（3）　当事者　　　権利者　　　○市○町○番地
　　　　　　　　　　　　　　　　B
　　　　　　　　　　義務者　　　○市○町○番地
　　　　　　　　　　　　　　　　A
（4）　不動産の表示　　（省略）
2　登記の原因となる事実又は法律行為
（1）　AとBは、婚姻成立以降、A所有の建物に居住している。
（2）　令和○年○月○日、AとBは当該建物につき、Aの死亡を始期
　　とする配偶者居住権の死因贈与契約を締結した。
（3）　同日、AとBは、前記の契約につき、始期付配偶者居住権設定
　　仮登記をすることを合意した。

　　以上相違ありません。
　　令和○年○月○日　○法務局御中

　　　　　　　　　　　　　　　権利者　○市○町○番地
　　　　　　　　　　　　　　　　　　　B　　　　㊞
　　　　　　　　　　　　　　　義務者　○市○町○番地
　　　　　　　　　　　　　　　　　　　A　　　　㊞

※配偶者居住権の成立のため、相続開始時にBがAの建物に居住している
　ことが要件（民1028）とされていますが、その旨が、登記原因証明情報中
　に明らかであれば、別にBの住民票の写し等を要しないとされ、ＡＢの
　配偶関係が法律上の関係である証明についても同様とされています（令
　2・3・30民二324　3(1)イ（ア））。

記録例

配偶者居住権に関する仮登記

　配偶者居住権の設定の仮登記　乙区

1	配偶者居住権設定仮登記	令和○年○月○日第○号	原因　令和○年○月○日遺産分割（、「遺贈」又は「贈与」） 存続期間　配偶者居住権者の死亡時まで（、「年月日から配偶者居住権者の死亡時まで」又は「年月日から何年（又は年月日から年月日まで）又は配偶者居住権者の死亡時までのうち、いずれか短い期間」） 特約　第三者に居住建物の使用又は収益をさせることができる 権利者　○市○町○番地 　　　　B
	余　白	余　白	余　白

　始期付配偶者居住権の設定の仮登記（死因贈与）　乙区

1	始期付配偶者居住権設定仮登記	令和○年○月○日第○号	原因　令和○年○月○日贈与（始期　Aの死亡） 存続期間　配偶者居住権者の死亡時まで（又は「甲某の死亡時から○年又は配偶者居住権者の死亡時までのうち、いずれか短い期間」） 特約　第三者に居住建物の使用

		又は収益をさせることができる 権利者　○市○町○番地 　　　　B
余　白	余　白	余　白

（令2・3・30民二324別紙二）

【62】　配偶者居住権の設定の仮登記を抹消する場合

ケース

　Aには、配偶者B、子Cがいる。Aが死亡し、A名義の建物につき
Cが所有権の登記、Bが配偶者居住権の設定の仮登記をしている。

　Bの配偶者居住権が消滅した場合の当該仮登記を抹消する方法はど
うなるか。

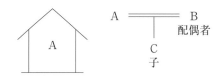

ポイント

　配偶者居住権は**賃借権に類似した法定債権**である。

解　説

1　抹消すべき配偶者居住権設定の仮登記

（1）　仮登記された配偶者居住権が、何等かの原因により消滅すると、
　　当該仮登記された配偶者居住権は、実体に符合しない登記として、
　　抹消すべき仮登記となります。この点の理解は、一般の仮登記の
　　場合と異なる点はないと考えられます。

（2）　一方、配偶者居住権は、その特有の原因により消滅するとされ
　　るので、仮登記の抹消の原因も、これによることとなる場合もあ
　　ると考えられます。

2　配偶者居住権の消滅と抹消手続

(1)　配偶者Ｂの死亡により配偶者居住権が消滅する（民1036・597③）ので、当該仮登記も抹消すべき登記となります。

　　この場合、Ｃは単独で抹消の申請ができる（不登69）こととなります。

(2)　存続期間は、登記事項（不登81の2一）とされ、その満了によっても配偶者居住権は消滅し（民1036・597①）、抹消すべき仮登記となります。

　　Ｃが登記権利者、Ｂが登記義務者となり共同申請の形態が原則です。

(3)　消滅請求によっても配偶者居住権は消滅（民1032④）するので、当該仮登記も抹消すべき登記となります。Ｂの善管注意義務違反や、Ｃの承諾がないのに、Ｂが他人に使用、収益させた場合、ＣのＢに対する消滅の意思表示によって配偶者居住権が消滅し、その仮登記もＣが登記権利者、Ｂが登記義務者として共同申請によるのが原則です。ただし、Ｂの利益の保護の観点から登記原因証明情報の内容には慎重な判断が求められると考えられます。

(4)　その他、配偶者居住権が法定の債権と解されるので「放棄」「混同」「合意解除」により配偶者居住権が消滅すると考えられますが、Ｂの利益の観点から考察すべきなのは前記のとおりです。

(5)　原則として、この抹消手続は「他の一般的な登記の抹消手続と同様に取り扱う」（令2・3・30民二324　3(2)ア）とされています。

記載例

●登記申請書（配偶者死亡の場合）

```
　　　　　　　　　　登 記 申 請 書

登記の目的　　　1番配偶者居住権設定仮登記抹消
原　　　因　　　令和○年○月○日死亡による消滅
権　利　者　　　○市○町○番地
　　　　　　　　　　　A
義　務　者　　　○市○町○番地
　　　　　　　　　　　B
添 付 情 報　　　登記原因証明情報　登記識別情報　代理権限証書
　　　　　　　　　　（以下省略）
```

＜記載のポイント＞

１　一般の抹消登記に準じ、配偶者居住権に特有な点を加えればよいと考
えられます。

記録例

　配偶者居住権設定の登記の抹消の記録例に準じればよいと考えられま
す。
配偶者居住権の登記の抹消
　配偶者居住権者の死亡による場合　乙区

2	1番仮登記抹消	令和○年○月○日第○号	原因　令和○年○月○日死亡による消滅

　存続期間の満了による場合　乙区

2	1番仮登記抹消	令和○年○月○日第○号	原因　令和○年○月○日存続期間満了

合意消滅による場合　乙区

2	1番仮登記抹消	令和○年○月○日第○号	原因　令和○年○月○日合意消滅

消滅請求による場合　乙区

2	1番仮登記抹消	令和○年○月○日第○号	原因　令和○年○月○日消滅請求

（令2・3・30民二324別紙五）

＜著者略歴＞

青木　登

早稲田大学法学部卒
東京法務局各支局・出張所にて、総務登記官・戸籍指導官・国籍調査
官・訟務官、さいたま地方法務局にて総務登記官を歴任

＜主要著書・論文＞

「問答式　不動産登記の実務」（新日本法規出版）共著
「抵当権の抹消原因についての一考察」（民事法務協会）
「第一回香川記念論文」第3位入賞（テイハン）
「登記官からみた　登記原因証明情報　作成のポイント」（新日本法
規出版）
「登記官からみた　「真正な登記名義の回復」・「錯誤」―誤用されや
すい登記原因―」（新日本法規出版）
「登記官からみた　相続登記のポイント」（新日本法規出版）
「抵当権・根抵当権登記のポイント―設定から実行まで―」（新日本法
規出版）
「元登記官からみた　登記原因証明情報―文例と実務解説―」（新日
本法規出版）
「キーワードからひもとく　権利登記のポイント―元登記官の視点
―」（新日本法規出版）
「元登記官からみた　抹消登記のポイント」（新日本法規出版）
「先判例にみる　不動産登記の実務」（新日本法規出版）共著

元登記官からみた　仮登記のポイント

令和3年5月14日　初版発行

著　者　青　木　　　登

発行者　新日本法規出版株式会社
代表者　星　　謙一郎

発行所　新日本法規出版株式会社
本　社　（460-8455）　名古屋市中区栄1－23－20
総轄本部　　　　　　　　電話　代表　052(211)1525
東京本社　（162-8407）　東京都新宿区市谷砂土原町2－6
　　　　　　　　　　　　電話　代表　03(3269)2220
支　社　札幌・仙台・東京・関東・名古屋・大阪・広島
　　　　高松・福岡
ホームページ　https://www.sn-hoki.co.jp/